滄海叢刊

比較社會學

蔡文輝 著

1989

東大圖書公司印行

比較社會學　／蔡文輝著 －－初版－－

台北市：東大出版：三民總經銷，民78

〔8〕, 196面；21公分

比較研究重要參考書目：面179-196

1.社會學—比較研究　I.蔡文輝著

540/8466

作　者　蔡文輝

發行人　劉仲文

出版者　東大圖書股份有限公司

總經銷　三民書局股份有限公司

印刷所　東大圖書股份有限公司

地址／臺北市重慶南路一段六十一號二樓

郵撥／〇一〇七一七五－〇號

初版　中華民國七十八年二月

基本定價　肆元陸角柒分

編　號　E 54068①

行政院新聞局登記證局版臺業字第〇一九七號

© 比較社會學

序　言

　　第一次興起撰寫這本書的念頭是一九八一年當我返臺大擔任客座教授時，這中間迄今已經是七年的時間了，算是我撰寫的文稿中拖得最久的一册。這原因當然一方面是由於事忙，除了教書之外，研究的興趣這幾年來皆集中於現代化的理論與中國社會結構上，無法抽出時間來整理這稿；另一方面則是理想比較社會學教材參考書籍之闕如，絕大多數的論著是零散於各處的短文，搜集困難亦費時。現在總算把它寫出來了，希望能對讀者們有所交代和幫助。

　　比較社會學在當代社會學包羅萬象的分枝裏是一種似有若無的學科，如果按照涂爾幹的說法，比較社會學就是社會學。不過大多數的社會學家大致上認為比較社會學應該是把二個社會做時間或空間上的比較。由於這種工作費時費財，因此真正在這方面下功夫的人並不多。

　　做為一個外國留學生，我在研究所這一段時期自然而然偏向比較社會學方面的文獻，而且指導教授艾伯華 (Wolfram Eberhard) 更是在這方面有成就的中國通，受其影響是很自然的事，後來在大學教書時，研究的對象由美國而中國，再而擴大至東亞社會經濟發展。比較社會學也一直是我的興趣所在。

　　這本書只能說是比較社會學導論，第二章至第四章着重於理論的介紹，第五章則簡述比較社會制度方面的現況文獻，強調靜態的比較。第六章與第七章則把重點放在現代化的比較上，尤其是有關東亞現代化的理論與過程，討論動態的比較。

　　我是一九六八年出國留學的，現在是一九八八年，這本書剛好給這留美的二十年做個紀念。

蔡 文 輝

1988.12.21.

比較社會學

目 次

第一章 導 論

第一節 社會學基本概念

在我們的日常生活中，我們常把自己跟他人比較，也常常把本國社會與他國社會做比較。因此，比較觀點並非是陌生的。在這些比較中，我們所依據的，可能是自己的想像，也可能是從報章雜誌或電視上獲得的印象，也可能是由書籍描述而得。這類比較，可能是正確的，但也可能是偏差的；可能是主觀的，也可能是客觀的。因此，這種比較的可信度值得懷疑。雖然如此，有比較總比沒比較要好得多。如果沒有比較，我們怎麼知道，我們的日子過得比別人舒適，我們的經濟比別人發達，或者我們的社會比人家的社會要安定？有了比較，我們不至於「夜郎自大」和「坐井觀天」。有了比較，我們可以知道我們的社會好在那裏，壞在那裏？或至少我們可以知道我們跟別人或社會的異同點在那裏。社會學的比較觀點和研究法就是以比較為出發點，研究兩個或兩個以上社會制度和體系的異同點。其最終目的是希望藉比較而增加社會學理論的可信度和普遍性。社會學裏的比較觀點從孔德創立社會學時就已有之，今天，比較社會學更是社會學領域內不可缺乏的一分支。

社會學是一門研究人們在團體生活內社會互動的社會科學。社會學

的研究主題因此也就着重在人與人之間互動的形式與其構成 的 團 體 結
構。社會學家相信人們的行為是受團體和社會結構的影響，因為人們的
日常生活若離開人羣就變得毫無意義。在日常生活裏，我們關心我們的
穿着、言行，也關心別人對我們的印象。因為，我們是團體裏和社會裏
的一份子，總希望人家喜歡我們，贊同我們，接納我們。因此，社會學
家對個人行動的分析，常把分析的重點放在社會結構層次上，而較少注
意個人內心的動機、態度或想像。社會學家相信，人的行為多多少少是
受團體和社會結構的影響。因此，欲瞭解個人行動，就瞭解個人周遭的
社會環境。

　　人與人之間的互動是社會學研究的主題。社會學家對這類互動與其
所造成的社會現象的解釋卻不能憑空捏造，必須有證據的支持。社會學
家之所以能對社會現象加以系統性的解釋，乃是因為他們相信人的社會
行為，以及人與人之間的社會互動是有規律和定型的。在同一社會裏的
人們在行為表現上因受社會化的影響與文化的模塑而呈規律化。社會學
家稱這種行為為「模塑行為」(patterned behavior)。中國人見面開
頭一句話常是「吃過飯沒有？」，對方也常回答：「吃過了。」這就是模
塑行為的表現。如果有人見面第一句話就說：「我好餓」，或者是回答時
這麼說，我們會覺得怪怪的，也可能會有不知所措的困擾。正因為在同
一社會裏的絕大多數人會在同一情況裏表現出類似的模塑行為，社會學
家才能解釋人與人之間的互動方式和結構。

　　社會學家指出，許多我們日常認為理所當然的行為，其實是社會加
諸於我們的模塑行為，而非真是我們自由意志下所決定的行為。社會學
家對社會互動的研究是希望藉此而了解個人生活與社會環境兩者之間的
關聯。從社會學的觀點來看，一個社會 (society) 是由一羣具有共同
文化與地域的互動關係的個人和團體所組成。社會一方面是由人們所創

造出來的，另一方面卻有約束個人的力量。因此，社會是超諸個人之上的。社會裏的習俗、規範、信仰、價值等先個人而存在，也在個人死亡後仍然存在，不隨個人生而來，也不隨個人死而逝。社會約束個人行為使個人在表現某種行為時會顧慮到別人的想法和態度，而且也由社會所給與的獎賞與懲罰而約束個人的行為表現。

社會學研究人與人之間的社會互動。所謂社會互動，係指個人與個人之間的交互反應。社會學家研究社會互動有三層意義：(一)社會學家認定，人們經由社會互動而對外在的文化環境產生了共同的了解；(二)社會互動是將文化的規範和價值代代相傳的一種主要方式。經由互動，人們對互動的內涵、社會的期望，以及文化規範有了瞭解，並傳播至互動對象；(三)社會互動是社會秩序的基礎。在互動過程中，互動雙方必須注意自己，也必須尊重對方。這些特質構成了社會的秩序，使行為可重覆，亦可預測。

人與人之間的社會互動牽涉到互動對象所扮演的社會角色，也牽涉到互動發生當時的情境定義。社會學上所稱之角色是指一組社會所指定的行為期望，指示個人如何行動。角色可以說是社會互動的劇本。不同的角色有不同的行為期望。瞭解了這些不同行為期望後，人們的社會互動才能順利展開。一個跟角色相關的概念是職位。這是指一個人在社會體系裏所占有的地位。有些職位是與生俱來的（如性別與輩份），有些則是日後爭得的（如收入與教育程度）。社會學家認為角色與職位是行為之所以能預測的兩個主要因素。當我們第一次碰見一個人時，我們會馬上注意到他的性別、年齡、外表，我們也可能會互相提到我們的身份、學歷、職業性質等，這些都是角色與職位的指標。有了它們，我們大致可以猜測到這個人大致上會有什麼行為表現，也可以據此而決定我們如何與這個人互動。這也就是我們與陌生人的互動會比跟熟人互動要來得緊張些。因為跟陌生人互動，我們不知其角色和職位，無法用以做互動的指導原則，而跟熟人互動則已知其職位與角色，大致上可預測其行為方向。

社會互動過程不僅受互動者角色與職位的影響，而且也受互動者對當時情境的定義所影響。情境的定義，係指個人對其所處之情境的看法與想法。當互動的雙方對當時的情境發展出同樣的看法或想法時，彼此的互動會變得順利些。反之，則可能導致誤會。有時候，情境的定義很清楚，例如，婚宴的情境在我們的文化裏有它一定的規範，因此行為也容易遵從。但是有時候情境的定義並不清楚，則互動雙方就必須加以試探或測試，以求定義的明晰，以利互動的進行。在互動過程中，互動雙方常給對方暗示或徵記，以便對方能了解，順利進行互動。

社會角色、職位，以及情境的定義提供互動者一種可以猜想得到的行為期望，為互動舖路參考。但是角色、職位、情境等三者並未完全決定或指揮互動的過程和結果。行動者對角色的扮演和對情境的解釋更具重要性。有些行動者很快就能扮演某一角色，也可能很快就摸清楚情境的定義。但是有些行動者可能比較遲鈍。因此，兩個行動者對所扮演的角色可能完全不同意，對同一情境的解釋也可能完全相反。這些都會影響互動的進行。形象互動論者，特別是戲劇論裏的郭伏門（Erving Goffman）對行動者的角色扮演和情境的解釋過程有很重要的貢獻。郭伏門認為互動就像戲臺上演戲一樣，行動者（演員）對所扮演的角色與劇情都要能掌握才能把戲演好。

社會互動的研究雖然是社會學的主題，但是這並不就是說，只有社會學可以做這方面的研究。其他社會科學的研究多多少少也牽涉到社會互動的研究。經濟學（economics）研究人類的經濟行為，生產、分配、銷售等過程。主要問題常包括商品、生產原料以及分配等。政治學

社 會 學	人 類 學	經 濟 學	政 治 學	心 理 學	歷 史 學
研究社會互動之結構、功能及變遷過程。分析單位包括個人、團體,及社會。	研究重點:文化。特別是初民文化與文化之間的比較。	研究人類經濟活動,包括物品與服務之生產與分配過程。	研究人類社會裏權力之結構與分配。	分析個人思想、人格及行為之發展。**社會心理學:** 研究社會化過程與人際關係之影響。	研究人類過去的社會結構,歷史事件之分析。
共 同 興 趣					
當代文化。社會學運用文化變數,以分析社會結構。	資源的分配與生產為階層之成因。社會學運用經濟因素來分析階層與社會衝突。	權力之取得與使用。社會學家以政治變數來分析階層與社會控制。	個人與社會之間的互動。社會學從社會化過程了解社會規範之遵從與差異行為之形成。	社會結構之分析,社會學從歷史個案分析裏尋求理論之通則性。	
所有社會科學皆運用科學方法搜集並分析資料					

圖 1-1 社會學與其他社會科學之關係

(political science) 重點在分析人的政治行為和政治組織。因此,政府的組織、權力的分配、羣衆的政治行為等等就成為政治學分析的對象。人類學 (anthropology) 的重點在人的文化, 特別是初民文化。人格的成長過程和文化因素的影響, 是人類學家常討論的題目。歷史學 (history) 重視已發生的歷史事件的描述與探討。 心理學 (psychology) 主要是研究個人內在的人格行為、動機、本能等特質。社會心理學對面對面小團體的社會互動的解釋因此往往受內在心理因素的指導。社會工作 (social work) 雖然有人認為不能算社會科學之一種, 但其將心理學與社會學的原理原則應用到社會互動的過程，以輔導個人身心發展，則是不爭的事實。以上這些社會科學都研究社會互動，它們之間的差別是在於研究觀點和研究方法上。因此，社會科學彼此間有很深的相關。今日的社會科學家不能自限界域，排斥其他社會科學之觀點與理論。上面的圖 1-1 可代表這種異同的社會科學間的相互關聯。

第二節　社會學主要理論

社會學理論係指一套有意義且合乎邏輯的原理原則，用以解釋社會現象。許多沒有受過社會學訓練的人都會做描述（description）的工作，但是單做描述是不夠的。我們必須具有對社會現象做解釋（explanation）的能力。例如，許多人都知道美國人的離婚率高，但是並不是每一個人都能解釋為什麼美國人的離婚率高。因此，解釋才是社會學研究的主要目的，也是社會學理論之作用。

熟悉社會學理論乃是每一個學社會學的人都必須有的訓練過程。目前社會學理論主要代表學派包括：功能學派（functionalism）、衝突學派（conflict theory）、交換學派（exchange theory）以及形象互動學派（symbolic interactionism）。

功能學派（Functionalism）——功能學派從一九三〇年代至一九六〇年代末期，是美國社會學理論的主流。其代表人物主要的有派深思（Talcott Parsons）、墨頓（Robert K. Merton）等學者。功能學派的中心概念是功能（function）。它是指一種對維持社會均衡有貢獻的活動。功能學理論主要目的在尋求解釋某一社會行動所造成的效果或所賦有之功能。其研究單位是社會結構（social structure），而非個人。因為社會結構是功能之寄存處，它是社會體系內各部門間的關係。

功能學理論大致上包括下面四個基本命題:

(一)每一個體系內的各部門在功能上是相互關聯的。某一部門的操作需要其他部門的合作配合。因此，當某一部門發生不正常問題時，其他部門可以填補修正。

(二)每一個體系內的組成單位通常是有助於該體系的持續操作運行的。

(三)既然大多數的體系對其他體系都有影響，則它們應可被視為是整個體系的副屬體系 (sub-systems)。

(四)社會體系是穩定和諧的，不易有所變遷。

原則上來講，功能學理論認定社會是整合的，而且總是朝向均衡的狀態運行操作。整合 (integration) 係指各部門之間的相互影響的結果，以促成某種程度的和諧性，並維持體系的生存延續。均衡 (equilibrium) 則是社會體系運行的最終目標。在均衡狀態裏，社會是整合無衝突的。其體系內即使有變動，也是緩慢有秩序的。因此，社會文化的變遷只不過是社會體系裏一種調整和局部性的變遷，並無損於整個社會體系之整合與均衡。正因功能學派理論之重視均衡與整合，它常被視為是保守色彩濃厚的一種社會學理論派系。功能學派盛行美國原因之一是因派深思的同事、學生、門徒分據全美各主要大學社會學系要職之故。所以一談到功能學派亦必涉及派深思學派(the Parsonians)，兩者幾為一體。

衝突學派 (Conflict theory)──衝突理論的重點是對社會變遷的解釋，它是針對功能學理論的整合均衡觀點而發的。衝突理論者認為社會變遷不僅是必然的，而且也是急劇的。社會變遷的後果是破壞而非建設。衝突理論之主要代表人物有達倫多夫 (Ralf Dahrendorf) 與考舍 (Lewis A. Coser)。

衝突理論的淵源可追溯到早期的馬克斯 (Karl Marx) 的階級鬥爭

論和齊穆爾 (Georg Simmel) 的形式社會學。馬克斯認爲物質力量是決定歷史過程的最主要因素，思想只不過是物質的反映而已。社會變動事實上是擁有物質的資產階級和沒有物質的無產階級間的鬥爭。馬克斯的基本假設包括三點：第一，他認定經濟組織決定社會裏所有其他的組織；第二，他相信每一個經濟組織裏都含有階級衝突的成份；第三，無產階級會逐漸因受壓迫而產生共同階級意識用以抗拒資產階級的剝削。

齊穆爾的形式社會學的主要目標在於尋求探討社會過程的基本形式。他認爲社會學不應該企圖去研究每一種社會制度或人的行爲，而應把重點放在人與人之間的互動形式上。而這些形式並非全是純淨的，每一個社會現象都包含有合作與衝突、親近與隔離、強權與服從等相對關係。因此，社會與個人之間常常同時是合作性與衝突性的。個人雖一方面尋求社會的融洽，另一方面亦爲私利而活動。也因此，個人一方面受制於社會，但在另一方面卻又控制社會，齊穆爾的形式社會學強調現實社會裏的衝突是無法避免的。

達倫多夫承襲上述觀點提出他的衝突論，他認爲：(一)每一個社會無時無地都經歷變遷，因此社會變遷是不可避免的；(二)每一個社會裏皆有紛歧衝突因素，因此衝突無法可避免；(三)社會裏的每一個單位都直接間接地促成了社會的變遷；(四)強制性的權力關係是社會的基礎；事實上社會份子間的關係就是支配與受支配的權力分配關係。因此，他聲稱以派深思爲主的功能學派所描述的整合均衡是不存在的，是一種烏托邦式的臆測。

考舍的衝突論把達倫多夫的觀點跟功能學理論加以協調，而主張衝突並不一定全是破壞的，它對社會還是有益有功能。因爲衝突代表着社會內部的失調，衝突激起社會的重組，增強了社會的適應力，解決社會問題。考舍相信，衝突如果沒有違反團體的基本原則，且又是有目標、有價值，則衝突將對社會有正功能。

交換學派 (Exchange theory) ――交換理論是一種以心理學和經濟學兩者爲基礎的社會心理學方面理論，其主要目的在於解釋個人與個人之間的互動與小團體的結構。此理論基本上認定各個人之間的交換行爲乃是維持社會秩序的基礎之一。社會互動事實上就是一種交換行爲。交換的對象不一定是能看得見的物品，像聲望、喜愛、幫助、贊同等也同樣可以做爲交換的對象。同樣的道理：痛楚與難堪、機會與利益等亦可用來交換。

交換理論相信個人的交換行爲是自我中心和利己的。因此，在交換過程中必然會牽涉到利潤的問題。如果交換的雙方不能彼此都得到滿意的結果或利潤，則沒有交換的必要，而社會互動也就不會發生。交換理論者認定社會互動是個人與個人間在交換過程中對利潤和成本，以及對取與給的計算與運用。

酬賞概念是交換理論之基石。酬賞的種類很多，而每個人尋求酬賞的方式亦有所不同。交換理論者相信社會贊同 (social approval) 可能是所有各類酬賞裏最重要和最有力的一種。在日常生活裏，我們總是希望別人喜歡我們，贊同我們所做的事；同時，我們也總是儘量避開那些討人厭的，整天批評我們的人。能得到別人喜歡就是一種很大的酬賞。每一類酬賞的價值通常不盡相同，常有輕重之分。愈難獲得者，價值愈高；愈易獲得者，則其價值愈低。

哈佛大學的何門史 (George C. Homans) 是交換理論之倡始者，他的基本理論包括六個主要命題：

命題一：成功命題 (the success proposition)――「在一個人所做過的一切行爲裏，若其中某一特定行爲時常換得酬賞，則該行爲會重覆出現。」例如，如果我們知道幫人開門會獲得一筆小費，就願意幫人開門，而且所獲得的小費愈高，則更會去幫人開門。

命題二：刺激命題 (the stimulus proposition) ——「如果在過去時間裏，某一特定刺激狀況的出現曾帶來酬賞，則當目前所發生之刺激狀況愈類似過去之狀況時，類似以往的同樣行動就愈可能重覆出現。」例如，某一學生以前曾在某一老師監考時作弊成功沒被發覺，則下一次當該老師再次監考時，該生就可能再作弊。

命題三：價值命題 (the value proposition) ——「如果某種行動所帶來的成果對一個人愈有價值，則他愈可能去做同樣的行動。」例如，一個學生如果覺得參加籃球校隊比在班上得第一名更有價值時，則他選擇參加校隊的可能性就更大。

命題四：剝奪—飽滿命題 (the deprivation-satiation proposition) ——「某一特定的酬賞若在不久以前某人時常獲得，則在將來該酬賞對此人之價值就愈低。」例如，如果一個學生剛在昨天的考試得獎兩隻鉛筆，則明天或後天再以鉛筆為獎品的價值就不會高了。

命題五：攻擊—贊同命題 (the aggression-approval proposition) ——「如果某人常受不公平待遇，則其愈可能表現憤怒的情緒。」例如，一個人做了該做的事，而未獲得預期的酬賞時，就會有憤怒攻擊性的表現。相反地，如果他獲得比預期更多的酬賞時，則有贊同的情緒。

命題六：理性命題 (the rationality proposition) ——「當一個人在挑選可能應用的途徑時，他會選擇一種能帶來較高價值的結果以及能獲得該較高價值結果之行動。」例如，我們都想要獲得最大的效果，但是如果根本無法辦到時，則無論該效果多大也沒有用，人們就會挑一種可獲較高效果的一種方法來做。

總而言之，交換理論以個人為研究單位，着重點在於個人與個人之間以自我為中心的交換行為過程。在社會學上雖名列四大理論之一，但實際上其範疇與其他三種理論無法相比。

形象互動學派 (Symbolic interactionism)——形象互動理論之研究重點在於人與人之間的互動性質和過程。這理論認為社會只不過是由一羣互動中的個人所組成。個人的互動行為不斷地在修改和調整，因此社會也自然而然不斷地在變遷。人與人之間的互動不是體能上直接的反應，而是要經過一番分析和瞭解的。我們總是先將別人的想法和看法加以吸收和解釋，然後再決定如何反應。

形象互動論者認定觀點 (perspective) 和互動 (interaction) 是人類行為的二個重要變數。他們相信個人對外界刺激所持有的觀點不止一種。在某一種情境裏，個人的觀點可能是某一種型態，但在另一種情境裏，其觀點可能會有所改變。這些觀點是用來當做個人反應時的指導原則，是動態的，因為個人在互動過程中不斷地在修正觀點以適應當時情境的需要。在人與人之間的互動過程裏，個人不僅應注意其本人之觀點，而且也需要注意到他人的觀點，以不斷地修正、補充、詮釋其本人之觀點，以符合應付當時之情境。形象互動論者指出觀點是由社會團體裏所取得，特別是參考團體 (reference group)。所謂參考團體係指人們平常生活裏用來做比較的團體。例如，臺灣大學的學生會以臺大為榮，會常用臺大來標榜自己並以之與他人比較，那麼臺大就成為這個臺大學生的參考團體。人們的觀點常受參考團體的影響。

互動是形象互動理論的另一個主要概念。互動是藉着形象(symbol)來表達的。語言、文字、符號、手勢等皆是形象。有了這些形象，人們才能做有意義的互動。人們的思想、觀察、測聽、行動等等皆是經由形象來表達的。形象互動論者指出社會化過程的最大功能之一就是教導傳遞形象的使用。社會依賴形象而生存，也依賴形象而延續發展。

　　形象互動學派源始於早期的米德 （George H. Mead）、派克（Robert E. Park）、湯姆斯 （W. I. Thomas）。尤其以米德的貢獻最大。一九五〇年代則由布魯默 （Herbert Blumer） 綜合發揚光大。目前的形象互動學派之分支包括標籤理論 （labelling theory）、郭伏門的戲劇論 （dramaturgy） 以及俗民論 （ethnomethodology） 等。

　　除了上述四大學派以外，目前的社會學理論較受人注意的則有社會進化論和現象論兩種派別。社會進化論把人類社會的演變看做是一種上昇的進步過程。基本上，社會進化論者相信人類社會由單純而複雜，由早期的遊牧部落方式的聚集而進化到今日人口密集的都市化社會。雖然進化的步驟在學者們之間有不同的看法；有些人認為是單直線進行的，有些人則認為是枝節型的進行演變，還有些人相信進化是階段式的，但是他們大致上是同意今日社會比往昔社會進步的基本看法。

　　社會進化論在十九世紀末葉和二十世紀初期相當流行，早期社會學家如孔德、斯本塞、涂爾幹等人皆持有類似進化論的觀點。但是二十世紀中葉有一段時期，社會進化論幾乎為社會學界所摒棄。最近幾年來，又開始有復甦的徵象。主要的原因是：（一）功能學派為了補救其解釋社會變遷的缺陷，容納了社會進化論觀點以解釋長時期的社會和歷史變遷。（二）新興起的社會生物學應用達爾文的自然選擇和生存競爭概念來解釋人類行為和社會結構。

　　現象論 （phenomenology） 是綜合十九世紀晚期的心理學論和歷史評論，以及當時的哲學思想而成的。現象論基本上是試圖去描述人的意識形成的過程，並探求自然界一切事務的原始本質。現象論主張把一切受文化薰陶下的假面目除掉，以還我本來面目的態度和精神來處理和瞭解自然界的一切現象。現象論者認為科學的解釋常使自然現象籠罩上一層偏見性的外表。因此，社會學者應該不受文化的影響來研究和瞭解一切社會現象的原始面目和特質。社會學者應該探討社會現象的真面目，而不應有「想當然耳」或「本來就是這樣」的態度。因此，現象論應該是各種社會科學知識的基礎，也是各種社會科學之總集成。

　　現象論到目前為止，只能算是社會學理論主流範疇以外的一種激進派論調，尚未為多數社會學家所接受。

　　社會學理論學派衆多，因此相當零碎與雜亂無章。很多理論事實上既欠缺經驗事實的支持，而且也只能應用在一部份的社會現象的解釋上。因此，人們對社會學理論的基本態度應該是把每一種理論視為代表一種局部性的觀點和研究方向，而不應視某一種理論為絕對正確，其他理論皆錯。像戴維斯（Kingsley Davis）早年宣稱只有功能學派才是社會學正宗理論的看法是不可能重現於今後社會學界的。社會學今後的理論發展是百花齊放的並存並容的趨勢，不會偏限於一特定理論。❶

　　當代社會學的另一個發展方向是社會學的世界性化。不僅把世界各國的社會學容納一處，而且是要把社會學理論的普遍性在不同社會不同文化裏做測試。也正因此，今日社會學研究裏，比較性的研究也就受到某種程度的肯定，比較社會學自然也就成為社會學裏頗有份量的一種觀點和研究法。

第三節　比較社會學的範疇

　　到目前為止，學者們對比較社會學的範疇仍然未能達到一致的看法。某些學者主張把比較社會學看做是一種以時間為比較對象的歷史性研究觀點與方法，主要的目標是探討社會變遷的時間序列過程。另外一

---

❶ 關於社會學基本概念和理論之討論，讀者可參閱著者所撰之《社會學理論》（1979）和《社會學》（1986）。此兩書皆由臺北三民書局出版。

些學者則把比較社會學視爲兩個或兩個以上的不同文化或社會的比較。
前者卽歷史學派比較社會學，後者爲經驗性比較社會學。兩者各有千
秋，皆爲今日比較社會學的兩大主流。本節將簡略介紹此兩派學者對比
較社會學範疇的看法。

（一）歷史學派的觀點——歷史學派比較社會學相信社會學上的許多
概念都必須依賴歷史的分析來說明其發展過程才有意義。持這觀點的學
者認爲如果社會學的研究不追溯到社會制度的淵源與功能，則社會學所
研究的社會現況毫無意義可言，也因此而使社會學理論無法達到令人信
服的地步。更何況是這些所謂社會現況，不久將成爲歷史的一部份，自
必須從時間序列的觀點來探討分析。歷史學派指責以往的社會學過於重
視靜態的社會現象，而忽略了動態社會變遷的重要性。也就是說，社會
學的研究常忽略了時間變數對社會現象和社會行爲的影響。

歷史學派比較社會學學者的代表人物主要的包括尼斯彼特 (Robert
A. Nisbet)、貝拉 (Robert N. Bellah)、艾森斯達特 (S. N. Eise-
nstadt)、華勒斯坦 (Immanuel Wallerstein)，以及專門研究中國
社會史和民俗的艾伯華 (Wolfram Eberhard)。

（二）經驗學派的觀點——這觀點較重視經驗資料的求證。雖然歷史
學派的比較研究強調時間序列和社會文化變遷的觀點，但是這些歷史學
派的研究範圍並不侷限於單一社會或單一文化的地域研究。他們絕大多
數都注意到二個或二個以上社會的長時期比較。也因此，他們跟其他經
驗性比較社會學者的最大差別亦在此。

持經驗性比較研究者着重在經驗資料的搜集、統計及分析。這些學
者批評目前美國社會學過份重視美國本土的研究。從十九世紀末期社會
學由歐洲傳入美國始，一直到一九七〇年代初期，從早期的芝加哥學
派一直到以派深思爲首的功能學派，美國社會學不僅忽略歷史變數的分

析，而且有濃厚的本土主義和民族中心主義。持經驗性比較研究者相信
美國社會學發展停滯不前的最大原因之一是其理論之缺乏其他社會資料
的支持或驗證。

這些學者相信只有超越美國本土或某一特定社會的研究，才能建立
一套擁有高度科學信賴的理論。他們指出： 比較社會學的最重要任務
因此在於尋求以不同社會資料來證明和建立社會學理論的普遍性和通則
性。基於此種目標，比較社會學的經驗性研究的着眼點應該在於那些幾
乎每一個社會皆有的共同社會制度和社會現象，尋求其共同的特徵。這
些包括： 社會階層和分工制度、家庭婚姻規範、宗敎信仰制度、政治制
度與領袖權威體系，以及社會文化變遷等等。

經驗性比較社會學的解釋雖然以尋求人類行為和社會規範的一致性
與類同性為出發點，但它還有一個更深、更重要的意義，尋求包含在普
遍一致性表面層裏之差異。也就是說，某些社會制度雖然普遍存在於數
目相當多的社會裏，但是每一個社會對該制度之安排及給予其所安排的
功能卻很可能不同。比較社會學家不應受表面之類似性所矇瞞，應該更
進一步去做深一層的探討，以分析可能存在的差異性，而後由這些差異
性求證於理論。

雖然有大多數的學者都把研究美國之外的社會都算做是比較研究，
其看法是任何對其他社會的研究都可以用來與美國做比較，因此就是比
較社會學。但是有些學者則堅持上述的研究只能算是「區域研究」（
area study)，正如美國社會學者研究美國本土一樣，不能算是比較社
會學。因此，無論是歷史性或經驗性比較研究都應該至少包括兩個社會
或文化。

比較社會學家對其研究範疇既有時空的爭論，那麼他們給比較社會
學所下的定義也就多少反映這些爭論的事實和特質。

　　比較社會學最廣的定義，要算涂爾幹 (Emile Durkheim) 在十九世紀時下的定義了。涂爾幹說:「比較社會學並非社會學的一分支; 它是社會學本身。」❷ 涂爾幹相信社會學若要擺脫單純描述而進入分析社會事實的境界的話，社會學就必須比較。社會學就是比較社會學，兩者為一。有關涂爾幹之理論，我們將在第三章詳細介紹。

　　安德斯基 (Stanislav Andreski) 持類似的看法。他也相信所有社會學的研究皆是比較性研究。因為只有比較，社會學家才能證明研究假設之正確與否，以支持或修正理論。因此從廣義的角度來看，社會學對社會生活各部門和單位的分析就是比較分析。不過安德斯基也指出狹義的比較研究應是比較分析由不同社會所搜集得的資料。❸

　　史萬生 (Guy E. Swanson) 是加州大學柏克萊校區的一位社會心理學家。他指出:「思考而無比較是不可思議的事。科學的思考和科學的研究不可能毫無比較。沒有人應該感到驚訝，比較是社會科學家的基礎，而且其應用由來已久: 比較角色、組織、社區、制度、社會以及文化。」❹ 史萬生堅持所有的行為都要涉及比較: 往昔型式與未來型式的比較、可能型態的比較，以及普遍性與特殊性的比較。這類研究由來已久，並非是最新的社會科學才採用。

---

❷　參閱 Emile Durkheim, *The Division of Labor*. trans. George Simpson (Glencoe, Ill. : The Free Press, 1949), p. 139.

❸　參閱 Stanislav Andreski, *The Use of Comparative Sociology* (Berkeley : The University of California Press, 1969), pp. 64-68.

❹　Guy E. Swanson, "Frameworks for Comparative Research: Structural Anthropology and the Theory of Action," in Ivan Vallier, ed., *Comparative Method in Sociology: Essays on Trends and Applications* (Berkeley: University of California Press, 1971), p. 145.

　　上面這三個定義，很明顯地可以看出：安德斯基、涂爾幹、史萬生皆把比較社會研究法視爲社會學研究法之本身。也就是說，社會學研究就是比較研究。不過這種定義未免太廣泛，而且也太過份籠統含糊。社會學的研究以及所有科學的研究都牽涉到某種程度的比較，這是不可否認的事實，但是如果把比較社會學定義放鬆得這麼廣泛，則無以顯出其特殊重要性。

　　斯美舍 (Neil J. Smelser) 雖然也承認上述說法，但是他則願意把比較研究法視爲一種對於兩個或兩個以上不同性質或類型的社會單位的比較。它包括比較文化、比較國家的研究。比較社會科學因此是比較非類似的社會單位 (the study of dissimilar social units)。❺

　　歐韋克 (Donald P. Warwick) 和歐赫森 (Samuel Osherson) 兩人則認爲比較研究法是指兩個社會體系之比較，或一個社會體系在不同時期內之比較。他們兩人的看法與斯美舍的定義很相近。❻ 他們兩人合編的《比較研究法》(*Comparative Research Methods*) 的副標題是：「討論如何研究不同社會和文化裏的相同問題」。可見重點是在超越國界或文化界限的比較。艾森斯達特 (S. N. Eisenstadt) 的觀點和這是一致的。❼

　　馬許 (Robert M. Marsh) 把比較社會學看做是對二個或二個以上社會所搜集的資料做系統性比較。馬許和上述幾個學者的最主要差

---

❺　Neil J. Smelser, *Comparative Methods in the Social Sciences* (Englewood Cliffs, N.J.: Prentice-Hall, 1976),pp. 2-5.

❻　Donald P. Warwick and Samuel Osherson, *Comparative Research Methods*. (Englewood Cliffs, N. J. : Prentice-Hall, 1973), pp.7-9.

❼　參閱 S. N. Eisenstadt, *Essays on Comparative Institutions* (N. Y.: John Wiley, 1965).

別是他堅持比較社會學的獨特性。因為經由二個以上社會所搜集的資料
與取自一個社會之資料有相當程度的差異，因此不能與一般社會學混為
一談。❽ 跟馬許持同一論點的是柏格 (Brigitte Berger)。❾

　　從上面所舉的例子，我們可以看出比較社會學的困境。有些人把所
有的科學研究法都看成是比較研究法，有些人則強調單一社會內不同社
會制度的比較，另外一批學者則把眼光放在歷史時間上的比較，再另外
一批學者（也占最多數）則着重在二個或二個以上社會的比較。如果我
們把這些看法綜合起來，則可以用圖 1-2 來表示：

　　基本上，圖 1-2 裏的第一種方法就是普通社會學的範疇。雖然它既
不比較時間，亦不比較空間。但是因為社會學研究所強調的是各種不同
社會制度和功能之分析和比較，以及各種相關聯之變數間因果關係之比

		時　間 (Time) 固定	比較
空　間 (Space)	固定	社會內部體系 單位之比較 (Intra-societal Comparison)	歷史比較法 (Historical Comparison)
	比較	比較社會法 (Inter-societal Comparison)	多層次比較法 (Multi-dime- nsional Com- parison)

圖 1-2　比較研究四個層次

❽　Robert M. Marsh, *Comparative Sociology* (New York: Harc-
　　ourt, Brace & World, 1967), p. 11.

❾　Brigitte Berger, *Societies in Change* (N. Y.: Basic Book, 1971).

較，我們不能不說它具有比較方法的特色。涂爾幹和史萬生對社會學和
比較社會學的觀點正代表這廣泛普遍性的比較研究。

　　第二種比較社會學的方法是比較社會的研究，也就是人類學的比較
文化的研究。其重點在於研究某一社會制度或現象在二個或二個以上不
同社會裏的功能與角色之比較。例如有關中美兩個社會裏宗教信仰之比
較、世界各國職業聲望之比較研究、開發中國家人口問題之比較研究皆
屬此類研究法。

　　第三種研究法是比較歷史法。其重點在比較同一社會裏不同時期的
社會制度的歷史發展過程。例如有關中國傳統家庭與當代臺灣新式家庭
之比較、中國科舉制度之歷史演變過程，十九世紀以來中國現代化的過
程等之研究皆屬於時間變遷之比較，亦卽比較歷史法。

　　第四種研究法則為包括時間與空間兩變數的綜合性比較。例如有關
世界各國工業化程度之比較或世界各國離婚率之比較等。因為在這類研
究裏，所研究的地域超過二個以上之社會或文化，也重視時間性的歷史
變化。這類研究廣泛，但難於深刻。

　　比較社會學家相信，沒有比較研究就沒有社會學研究；比較不同時
間和空間的社會學研究會比單一時間和空間的研究更能描繪社會之實際
結構，亦更能給新發展出來的理論堅強的資料支持。

　　美國當代社會學理論雄居世界各國社會學之首，雖然其再三強調其
理論具有通則性，必能放諸四海而皆準。但是事實上，一直到目前為
止，許多社會學理論仍然是建立在美國經驗上，尚未驗證於其他社會，
殊為可惜。這工作應該是相當具有挑戰性的。尤其是非美國的社會學家
們更應擔負起這任務。

第四節　比較社會學與「社會學中國化」

近年來在臺灣的中國社會學界流行一個口號「社會學中國化」，在海外的中國社會學家亦有不少人響應這口號。蔡勇美和蕭新煌兩位敎授合編的《社會學中國化》一書綜結旅居美國的中國社會學者的看法。❿臺灣方面，一九八〇年臺北開的「社會及行爲科學研究的中國化」研討會也談到了這問題。

蕭新煌敎授是「社會學中國化」的中堅人物之一，因此我們借用他對臺灣社會學的回顧來看這試探。蕭說：「毫無疑問的，［社會學中國化的呼籲，是由於臺灣的社會學界對卅年來社會學的發展有所不滿 而產生。尤其是對於臺灣社會學界過於依賴美國社會學更是有強烈的反應。」⓫再加上客觀的歷史與結構條件的促成，「社會學中國化」已成氣候。蕭對臺灣 35 位社會學家的調查裏發現有 27 位 (77%) 肯定「社會學中國化」的必要性。這些人所持的理由包括：⓬

「提醒我們要把社會學的研究落實到日常生活及我們自己的歷史社會脈絡中。」

「任何一門社會科學不能本土化，不能以自己社會的各種現象與問題爲研究起點，則無甚麼存在的必要。」

「主要的學說、理論、概念都借自西方，有待地方化，進而建立適於本土的獨特的學說主張。」

「使社會學在國內紮根。」

---

❿　蔡勇美、蕭新煌主編《社會學中國化》。臺北：巨流圖書公司 (1986)。

⓫　蕭新煌〈社會學在臺灣〉載於蔡勇美、蕭新煌 (1986)，頁 297。

⓬　同⓫，頁 299。

「針對中國社會建立社會學的特殊性有其必要。」

「社會學中國化是指內容和材料的中國化，它不但能驗證改善社會
　學理論，應用上對中國社會也有益。」

蕭將臺灣社會學家對社會學中國化的內容，依重要性次序順位排列
如下：⑬

1.從中國歷史去創造具有中國色彩的理論。

2.內容材料的中國化。

3.外國的社會學理論與方法都要修改。

4.修改外國理論以適應中國觀點。

5.修改外國方法以適應中國研究情境。

6.反省西方社會學對我國社會學的影響。

7.建立中國社會學。

在海外的中國社會學家對「社會學中國化」問題的討論亦相當積
極。他們所持的看法絕大多數與國內學者相近。林南教授對「社會學中
國化」的定義是「將中國社會文化特徵及民族性容納到社會學裏」。他
指出「社會科學作為一門學科，不僅要能吸收不同文化與社會的特徵，
同時必須依賴持續不斷的注入這些資料才能使這門學科興旺……目前許
多學者對社會學的停滯不前大聲疾呼，正反映出由於這門學科中主要資
料來自歐美社會，因而導致這門學科目前過於劃一而引起的局部性。這
也使我們更有理由以為研究那些與歐美社會不同的文化與社會是復興社
會學的必要步驟。」⑭

蕭新煌和林南兩位教授對「社會學中國化」的看法大致上可以代表

---

⑬　同⑪，頁 300。

⑭　林南〈社會學中國化的下一步〉載於蔡勇美、蕭新煌 (1986)，頁 32-
　34。

熱心此一運動的海峽兩岸社會學家的意願。但是如果深一層去探討這運動的內涵，我們不難發現「社會學中國化」所要求的與比較社會學所研究的目標是一致的。我們在前面曾經提過，社會學的最終目標是建立一套可用來解釋人類基本社會互動方式、結構與功能的通則性理論，可放諸四海皆準。因此社會學的資料來源應該超越美國本土和西方社會是必然的要求。也因此中國社會學家的中國社會研究有潛在的可觀的貢獻。

從比較社會學的立場上來看，社會學理論沒有「中國化」的必要。既然我們呼籲刪除目前社會學理論的美國和西方色彩，既然我們批評它的局部性，我們就不必要強調理論的「中國化」。因為「中國化」的結果只不過是把社會學理論由偏向歐美轉而偏向中國。也就是由一種現有的局部性轉變成另一種新的局部性。這工作不就白費功夫，又何必如此。一套理想的社會學理論，不論是西方學者或中國學者所發展出來的，應該是可適用於中西社會結構的。既然西方社會學發展較成熟，那麼中國社會學者可以中國知識和經驗來補充、修正以及驗證已有的社會學理論，使其更具普遍性和通則性，而無適合於不同社會結構差異的解釋。❶

中國社會學家必須：(1)熟悉西方現有社會學理論，(2)熟悉西方社會學研究方法，(3)熟悉中國社會結構之特質，(4)以中國社會結構為研究重點，(5)堅持比較的分析和解釋觀點。只有具備上述五個條件，中國社會學研究工作才能更有意義，也才能對整個社會學的發展有貢獻。事實上，我們可以說一個關起門戶而高唱「社會學中國化」卻缺乏比較觀點

---

❶ 蔡文輝＜派深思理論與中國社會——兼論『社會學中國化』問題＞載於
　蔡勇美、蕭新煌 (1986)，頁 45-72。

的中國社會學家，是短視和偏見的。比較社會學應是我們大家努力堅持
的研究觀點和方法。**⑯**

---

⑯ 蔡文輝 < 比較社會學之性質與範疇 > 載於蔡文輝著 ≪ 社會學與中國研
究 ≫。臺北: 東大, 1981, 頁 39-50。

第二章 比較社會學研究法

第一節 社會學主要研究法

比較社會學是社會學的一種觀點與旁枝，因此無論是比較社會學對時間的歷史性分析或對空間的不同社會的分析，它所可應用的研究方法，自然而然地與普通社會學所應用的研究法大致吻合。換句話說，比較社會學家仍然依照普通社會學方法做研究。因此，我們必須把這些通用的方法先加以介紹。❶

健全的社會學理論必須要有健全的資料來支持才能具備高度的可信度。因此，社會研究法在資料的搜集上有其一定的程序和步驟。大致上來講，社會研究資料搜集法包括社會調查法、觀察法、實驗法、內容分析法以及個案法。

(一)社會調查法 (social survey research method)。這是目前

---

❶ 有關社會學研究法，可參閱蔡文輝著《社會學》（臺北：三民書局，民七四），頁 59-90。Delbert C. Miller, *Handbook of Research Design and Social Measurement* (4th ed.) N.Y: Longman, 1983. Claire, Selltiz, Lawrence S. Wrightsman and Stuart W. Cook, *Research Methods in Social Relations*. N.Y: Holt, 1981.

社會學家做研究時最常運用的資料搜集方法。這個方法是運用問卷以問答方式經由調查員或郵寄方式詢問被調查者之社會互動方式或態度。它通常可包括兩種資料搜集方法：(1) 訪問法，(2) 問卷法。

訪問法 （interviewing）是一種面對面由訪問員親自詢問問題的資料搜集方法，其目的是用以支持研究員的理論假設。雖然訪問法最主要的詢問方式是由調查員面對面親口問被調查者，但有時也可經由電話訪問的方式來間接詢問被調查者。由於是調查員與被調查者之間有直接的互動，因此訪問法裏所使用的詞句，問題安排的順序、語氣等都可能影響訪問調查的成敗。首先，調查員的儀表、談吐、以及態度行為必須要能給對方一種可靠和可信任的感覺。一方面增加對方接受調查員的訪問的機會，另一方面減少對方在回答問題時可能採取保留的餘地或甚至於不確實的可能性。因此，社會學家在徵集調查員時，就必須注重調查員的成份，在對他們訓練時，更應提醒這形象的問題。事實上，一個調查研究的成敗常常繫於訪問員或調查員的素質上。

訪問法問卷上所用的問題安排方法通常可以分為兩種：一種是有結構的訪問 (structured interview) 。在這種方法裏，每一個問卷上的語句、用字、問句的安排皆須完全一致，而且也有嚴謹的定義解釋。不僅如此，被訪問者也必須從幾個已經事先安排好的回答裏挑出一個來做為答案。被訪問者沒有自由發揮的餘地，只能從其中挑選一個回答。這種方法的好處是在訪問時，回答者對問題有統一的解釋，且訪問後容易整理統計分析，特別是在大數量的樣本上時最為方便。它的缺點是所能挑選回答的可能性較少，很難真正反映被訪問者之實際狀況或經驗或態度。另外一種問卷的問題安排方式是無結構的訪問 (non-structured interview) 。這種方法比較具有彈性。訪問者可能備有一系列的問題想問，但是這些問題倒不一定要按某一特定的順序出現。訪問者可以依照當時的狀況或被訪問者的情緒而挑選適當的問題發問。訪問者有時可能沒有準備一系列問題想問。他只要有一個中心論題，在訪問過程中隨意問一些與這中心論題有關的問題，這種無結構訪問法的好處是可以讓被訪問者有更多表達自己經驗的機會，訪問者也不提供可供挑選的回答，被訪問者可依自己意思回答問題。這種方法強調並尊重個人的獨特性與人跟人之間的差異性。但是使用這種方法可能浪費太多時間在訪問上，也可能需要很長的一段時間在訪問後整理所得資料，更難運用大數量的統計整理分析。

那麼社會研究者怎麼決定到底應該用有結構訪問法或無結構訪問法。下列四項因素可以做爲考慮的對象：

第一，研究的目標是甚麼？結構式的訪問法可以用在調查人們對某一現象或事件同意或不同意的觀點上；無結構的訪問法最好是用在調查某一現象或事件的過程。

第二，被訪問者對研究主題瞭解程度如何。如果研究者非常希望或需要被訪問者提供更有深度的主題瞭解時，則無結構訪問比較適當。但是如果研究者相信不需要被訪問者提供更有深度的瞭解時，則有結構訪問較適當。

第三，被訪問者對所要問的問題清楚程度如何。如果被訪問者很清楚這些問題，而且也有自己的觀點時，則有結構訪問法較適合，但如果被訪問者並不清楚所要問的問題，而且也尚未有自己的觀點時，則無結構訪問法較爲適當。

第四，所問的問題是不是容易用問與答的方式來溝通。所問的問題是不是有趣味。如果所問的問題容易以問與答方式來溝通，而且亦非有趣者，則有結構訪問方法較適用。反之，則用無結構訪問方式。

無論是在有結構或無結構的訪問方法裏，訪問者應該儘量避免可能影響被訪問者的辭句或語氣，或暗示被訪問者某一種應該回答的方式。譬如：「你對民衆阻路聚集請願的方式有什麼意見，贊成或反對？」這個問題如果用這種方式來問：「大家都不認爲民衆可以阻路聚集請願，請問你的意見如何，贊成或反對？」則已明顯暗示給對方，應該回答反對，因爲「大家都不認爲」如此。

總而言之，訪問法是目前在社會學上最有效的研究法，因爲：(1) 它最能有效控制樣本數的參與；(2) 被訪問者對問卷問題有比較相同的瞭解；(3) 最容易利用電腦做大數量的分析；(4) 訪問者或研究者的偏見較少滲入研究中。但是它也有不少缺點，最重要的是 (1) 太花時間，也需一大筆研究經費。訓練訪問員需時間也需經費；(2) 有些地區不是外來的訪問員所能進入的；(3) 在大都市裏，有時很難找到樣本上的被訪問者。

因此，有不少的社會研究者就轉而使用問卷調查來代替訪問法。所謂問卷調查（questionnaire survey）其實跟訪問法很類似，不過是將問卷用郵寄方式寄給被訪問之樣本戶，不派訪問員去，也不打電話去用口頭訪問。它最大的優點是便宜，可以省掉很多人事上的經費，也不需要有專業訓練的訪問員。只要把問卷郵寄出去，讓收到者自己回答。它的缺點是寄回問卷的數目往往不多，影響原來樣本的特徵。而且研究者也無法知道到底是誰塡的表。因此，質與量的控制很成問題。另外還有一個困難是，問卷上的問題必須簡單易懂。不過由於近年來研究經費的短缺，用問卷法的人也就越來越多了。面對面的訪問較少，電話訪問也日漸普遍。

(二)觀察法（observational method）。是另外一種研究法。觀察法主要地是用在人類學的研究或社會學家（特別是社會心理學家）對小團體的研究。觀察法的主要優點是：(1) 可以在現象或事件發生之當時瞬間加以觀察、記錄，而後再加以整理分析，比較眞實。(2) 所觀察的現象或事件是在發生現場觀察的，比較自然。而非像訪問法裏由被訪問者憑想像或回憶來答。(3) 可用來觀察一些不能用語言或文字來表達或描述的社會現象。例如：嬰兒的社會行爲。(4) 可用來跟訪問法所得之結果或問卷法之內容對照比較。(5) 可用來做初民文化或社會之比較研究。觀察法的缺點當然也有，特別是：(1) 無法用在大規模或大數量社會現象上。(2) 觀察者無法觀察到每一個角度，可能以偏概全。(3) 觀察者本身的情感可能淹沒了事件的眞象。(4) 如有數件現象同時發生，難以決定到底應該觀察其中那一個。

　　觀察法主要的有兩種：一種是由研究者親身參與的參與觀察（participant observation），另外一種是由研究者以觀察員的客觀身份觀察的非參與觀察（non-participant observation）。參與觀察法是希望研究者能以局內參與者的身份來描述某一社會或團體的感受與心態。譬如你想瞭解不良靑少年幫會的組織，用問卷法或訪問法只能摸出一層表面的皮毛，參與觀察法則因研究者本人親身的參與而有更深度的描繪。當然，像不良靑少年幫會這種組織，參與觀察者除非獲得允許與接納，否則被發現會有生命危險的。非參與觀察法則研究員以局外觀察員身份客觀忠實觀察描述其對象，儘量減少個人的偏見。

　　(三)實驗法 (experimental method)。這方法在社會學研究上運用的不多。不過社會心理學小團體或面對面互動研究上會使用這方法。實驗法主要的是研究者爲了某一特定的社會現象或行動的測定而設立一個可控制的人爲環境，觀察在該環境內特定現象或行動的改變或成長。通常社會研究者把受測驗的團體分成兩組，一組是控制組（control group），而另一組是實驗組 (experimental group)，然後讓實驗組接受一個被認爲影響行爲改變的因素所感染，而控制組則不受任何外在因素之影響。如果實驗組的行爲有了改變，而控制組未改變，則可以證實該因素是行爲改變的原因。譬如說，我們想瞭解玩電動玩具是否會影響中學生的學業成績。我們可以找出一羣社會背景很類似的中學生，將之分成兩組。一組讓他們玩電動玩具（實驗組），另外一組不玩電動玩具（控制組）。經過一段時期後，再測量兩組之學業成績，如果實驗組學生的學業成績有明顯的下降，而控制組則無明顯變化。那麼我們可以說電動玩具的確是影響中學生學業成績下降的原因。

（四）內容分析法 (content analysis)。內容分析法事實上只能說是研究法裏比較次要的輔助法。當然也有社會學家使用這方法，但是用的人不多。內容分析法是以報章雜誌書籍或電訊等資料的內容來做客觀的和系統性分析的研究法。一種常用的資料是宣傳標語。從宣傳標語內容，我們可以比較兩個候選人、兩個政黨、或兩個國家的政策，也可以看出時代的變遷。有一位美國女社會學家曾經把美國早期小學課本裏對婦女角色的描述用來跟目前小學課本裏的描述做比較，看出來美國近年來婦女角色的變遷。本書著者亦曾以國民政府時期政治領袖的傳記資料利用內容分析法來研究近代中國官場的昇遷和政治流動過程。

（五）歷史法 (historical method) 和個案研究法 (case study methed)。兩者也都不算重要的方法。歷史法的資料是歷史史料的記載並着重描述，做縱面的描述。個案法則集中於某一特定個案，予以詳盡的分析解釋，較少代表性。

除了上述幾種資料搜集方法以外，還有一種愈來愈多人利用的資料是檔案資料 (archival data) 的運用。檔案資料包括政府及民間各機關所搜集的業務統計資料。政府的人口普查、經濟統計、公報等等皆是可用的資料。這一方面，在臺灣是相當豐富的，舉例來說，立法院公報就曾成爲社會學家分析農業政策和老年問題的資料。中華民國衞生統計、中華民國統計提要、省縣市統計要覽，以及經合會出版的各類統計資料、警政署的中華民國臺灣刑案統計等等，都是相當可供社會學家利用的資料。（蔡文輝，1984）這些資料的優點是搜羅齊全豐富，尤其是長時期的研究變遷，但是它也有下列缺點：（1）資料搜集記錄可能有錯，研究者無從查考；（2）有些資料屬於公務機密，研究者無法取得；（3）資料原非爲社會研究所設計，因此社會研究者可能會產生無法深入分析的挫折感；（4）資料分散各處，難以搜集齊全。

以上，我們把幾種主要和次要的社會研究資料搜集法加以介紹。我們再次提醒讀者，方法的選擇和使用必須以研究目的和研究主題 爲 依據。再好的方法如果運用在不相稱的題目上，也是沒有用處的。因此，挑選資料的方法不必拘泥成規。

一個社會學研究的成敗決定在搜集資料的建全與否，但是研究結果之好壞乃是決定於研究者對資料的處理和分析上。無論所搜集來的資料有多建全，如果沒有好好地加以整理和處理，則再好的資料亦必失去其用途。

編碼（coding）是資料處理的首要程序。編碼是把調查表或問卷上的答案加以編號系統整理，以供統計分析和解釋之用。在觀察法、實驗法以及內容分析法裏，編碼的作用是把零碎雜亂的資料整理成一個有系統且簡單明瞭順眼的順序。在調查法裏，編碼則是把大數量的問卷由文字加以數字化，以供電腦或電算器的統計之用。

編碼的目的在增加研究者處理資料的速度，也是使資料更能合乎研究計劃上所定的目標。在所有的研究法裏，以結構問卷方式經由訪問法或問卷法所搜集的資料最容易加以編碼。因爲研究者在設計問卷時就已經把編碼的程序考慮在內了。其他的則較費時，必須先歸類成項才能加以編碼。

在編碼的過程中，下列四點是研究者應該加以注意的:

第一，號碼的編排一定要自然。也就是說要能看得順眼。以教育程度爲例。編碼時自應由 (1) 大專，(2) 中學，(3) 小學，(4) 未受教育。這樣順序而下，或由下而上就是我們所謂的順眼和自然。如果把教育程度編成: (1) 中學，(2) 未受教育，(3) 大專，(4) 小學，就不順眼和不自然的。這樣的編碼不僅增加工作人員很多的困擾，而且容易造成編碼錯誤的現象。

第二，號碼的編排應儘量不跳號，容易造成工作人員的誤差。尤其是在今日普遍使用電腦的情況下，電腦往往把空號讀成零，混雜一起。問卷設計時，因此最好的辦法是把零 (0) 留給無資料、未回答、或無意見等一類答案專用。

第三，儘量避免會引起誤用的記號，如「＋」、「－」等代記號，或電腦無法記憶的記號。

第四，儘量用一行來代表一個項目。有些問題若需要二個以上選擇機會或答案時，則應設法分開幾行來代表，否則增加電腦程式設計上的困難。

上面這四項原則，不論是用傳統的筆算，或新式的電腦計算，都應該遵守的。其目的是減少工作人員整理資料可能發生的誤差和電腦統計分析的困擾。

目前社會學家在做社會研究時大多數以大數量的調查法爲主要資料搜集方法，而在資料整理上也十分依賴電腦計算。因此，在分析資料時最常使用的方法自然而然地以統計方法爲主。不僅如此，用統計的方式來顯示資料的特性也比較容易懂，且省時。目前社會研究所使用的統計已經相當複雜，而非僅僅是百分比、平均數、衆數或中數等基本統計法可以表達清楚的。社會研究法之重點目前是在尋求、測定與衡量兩個因

素之間的相關 (correlation) 與因果關係 (casuality)。

　　因果關係的尋求通常是在二組變數 (variables) 的相關。「自變數」 (independent variable) 係指因果關係裏的因，也就是那導致另外一個變數存在或改變的因素；「受變數」(dependent variable) 則指在自變數影響下而改變的變數。舉例來說明，如果我們對離婚率的增高做研究，那麼研究設計就想知道在什麼情況下，離婚率會昇高或下降？在這研究裏，離婚率就成爲「受變數」，那些影響離婚率高低的原因就成爲「自變數」，例如：婦女就業機會的增加，小家庭型式的出現等。如果用圖來表示，則：

自　變　數　　受變數

婦女就業機會

小家庭型式 ⟶ 離婚率

當然，平常的研究設計裏不會這麼簡單，常常包括很多組自變數。也常牽涉到「中介變數」 (intervening variables) 的影響。「中介變數」是指介於自變數與受變數之間的因素。

　　變數間之相關程度通常是經由統計法測量決定的。讀者可參考統計方面書籍，我們不在這裏細談。在這裏，我們所強調的一個基本觀念是：如果在研究過程中能夠找出所有可能的因素或變數，則我們對社會現象的瞭解程度就越深，也更能建立一個可信度高的社會學理論。

　　社會研究過程的最後一個步驟是報告的撰寫。這工作乍看之下似乎簡單易做，其實不然。有些社會學家認爲搜集資料和統計分析並不難，報告的撰寫才是最難的一個步驟，也最能顯示出研究者的眞功夫和實力。寫研究報告可不能像寫武俠小說，可以有心血來潮式的神來之筆，亂蓋一氣，當然也不能像寫散文或艷情小說，過分描寫風花雪月或兒女情長的風雅。社會研究報告有其一定的程式，必須遵守。通常，一個研究報告至少應包括下列幾項資料和分析：

(1) 調查旨趣的說明。

(2) 理論觀點的說明。

(3) 研究設計概要。

(4) 資料來源及其特質。

(5) 資料搜集方法。

(6) 抽樣方法。

(7) 調查日期。

(8) 調查過程。

(9) 分析方法及資料之可信度。

(10) 分析後資料所顯示之結果與特徵。

(11) 理論或工作假設之重估。

(12) 研究結果之貢獻。

社會學家所研究的對象是人與人之間的互動，因此難免在做研究時滲雜一些個人的主觀成見。其實，從研究題目的挑選至研究報告之撰寫完成的整個過程裏，多多少少是含有個人主觀成見的。社會學家的「價值中立」（value free）是社會學研究時的一個必要理想和態度，但是若說毫無「價值成見」則為欺人之談。社會學家若能堅持「價值中立」的立場，則雖無法避免成見之滲入影響，但至少可以剷除故意歪曲事實的傾向。

社會學家研究工作過程中另一個難題是如何保護受調查對象的權利，如何避免研究結果可能帶給被調查對象的不良後果。大多數的社會研究對受調查對象不太會產生不良後果，因為社會研究的結果是以整個受調查者羣體為對象，而非針對個人情境的描寫分析。通常，人們在接受訪問時都已明白研究主題旨趣而志願參加研究或回答問卷上的問題。而且社會研究者在做研究之前，亦必先徵求對方同意才開始的。有了這樣雙方面的溝通和瞭解後，反面不良後果可以減少到最低的程度。

最可能發生不良後果威脅到對方正常社會生活的研究法是實驗法，尤其是如果研究主題牽涉到製造或運用受試者之緊張或恐懼感時為最。這是因為此類緊張或恐懼感在試驗完成後可能仍然存留在受試者心裏，影響其日後生活。另外，個案法的研究也可能產生侵犯隱私權的問題。因為這方法是以一個人或一件事為對象，目標清楚且明瞭，研究結果的發表導致受調查者之高度曝光。

因此，社會研究者應對其結果負責。社會學家今日的任務已不再是忠實地描寫社會現象，而是要分析社會現象變遷的前因後果，甚至於要提出一套可供施政者參考的建議方案。因此，社會學家應堅持其職業倫理，才不致於歪曲事實，傷害受調查對象。他必須誠實坦白，也必須受過職業上正規訓練。

第二節　比較研究法

比較社會學家在做研究工作時可採用並遵守上節我們所提到的一般社會學的研究方法、態度和倫理。但是比較社會學家因其研究之獨特性，尤其是在做比較社會或比較文化之研究時，總會遭遇異於一般社會學研究之情況。因此就必須注意到如何應付這些特殊問題的方法。這些問題包括問卷設計時的語言問題、訪問員的訓練問題、定義的統一問題等。另外，資料分析結果的解釋也必須注意到社會文化間差異的問題。本節的目的是將比較社會學研究時所遭遇的問題與解決辦法加以討論介

紹。❷

任何一門科學的最終目標皆是在於建立一個可徵信的原理原則。通常可以包括下面這兩種基本策略:

第一,描述(description)。描述顧名思義是對某一件事物形態的描繪敍述。因此,如果我們描述美國政治,我們就必須談談美國總統的角色,國會以及它的兩黨政治。如果我們要描述美國家庭,則自然要談到夫妻關係,核心家庭組織以及父母子女關係等。描述的目的是把一件事物儘可能一清二楚地描繪敍述出來。

第二,詮釋(explanation)。上面所提的描述策略其實並不難,一些沒有受過專業訓練的人也可以對某一種事物加以描述的,但是這種描述的意義並不太大,功效也不多。科學家們最應知道的是「爲什麼」?爲什麼臺灣的中產階級會有這樣的特徵?爲什麼臺灣的教育制度裏會產生聯考制度?詮釋就是要解釋這些「爲什麼」的原因。把某一件事物存在的原因加以分析和解釋,尋求前因後果的邏輯關係。

社會學既然是社會科學的一門,而且也注重人類知識的尋求,社會

---

❷ 有關比較研究法,請參閱 Donald P. Warwick and Samuel Osherson eds., *Comparative Research Methods*. Englewood Cliffs. N.J.: Prentice-Hall, 1973. Neil J. Smelser, *Comparative Methods in the Social Sciences*. Englewood Cliffs. N.J.: Prentice-Hall, 1976. Amitai Etzioni and Fredric L. Dubow, eds., *Comparative Perspectives: Theories and Methods*. Boston: Little Brown, 1970. Arthur L. Stinchcombe, *Theoretical Methods in Social History*. N.Y: Academic Press, 1978. Theda Skocpol, ed., *Vision and Method in Historical Sociology*. N.Y.: Cambridge University Press, 1984. Ivan Vallier ed., *Comparative Methods in Sociology*. Berkeley: University of California Press, 1973.

學家研究的目標自然是放在詮釋功夫上，而非單純的描述。如果我們只把社會現象據實描繪出來，雖然能夠幫助人們多瞭解一下自己社會的形態，但是並不能告訴人們為什麼這社會形態會這個樣子。因此，社會學家研究的興趣在於解釋社會現象，讓人們瞭解該社會現象的前因後果。事實上也只有這樣，社會學的研究才是有意義的，也才對社會人類有具體的貢獻。

　　為了要詮釋社會學裏所研究的社會現象，為了要建立該現象的因果關係，社會學家就常用比較方法。前面一節所提到的兩個變數的比較，事實上就是比較方法的基本工作，比較兩者之間的可能相關。不過大多數的社會學家把比較社會學方法着眼在不同社會的比較上以及在時間序列上的歷史比較法。

　　在社會現象的詮釋上最理想的方法當然是以因果關係的建立為中心的實驗法。因為實驗法可以把受觀察的對象加以控制而研究其效果。但是實際上，實驗法在社會學研究上用得並不多，其主要原因是:

　　第一、社會現象所牽涉的相關變數相當多，無法將其完全置於實驗的控制下做觀察。

　　第二、社會現象的成份相當複雜與大數目，無法全數包容在內做實驗。

　　第三、社會現象的研究的主角往往是個人行動者。把人當做實驗品是危險的，而且也是不道德的作法。

　　第四、社會現象很難能在實驗過程中重新複製出來。已發生過的現象常一去而不返，即使再次發生，其內涵特質也不一定一樣。

　　實驗法應用在一個社會內的研究已是相當困難，將其施用於二個或二個以上社會的比較研究更是難上加難。因為每一個社會皆有其獨特性，很難有完全類同的社會制度與行為模式的。

因此，社會學家目前最常採用的研究方法是以訪問法和問卷法為主的社會調查法。這一點我們在前面一節已介紹過。這種資料搜集方法近年來也成比較社會研究的主要方法之一。社會學家以一套類似的問卷分別在二個或二個以上不同的社會裏做調查，然後再經由統計的整理分析而達到比較的目的。這種方法的優點是社會學家可以用同樣的問題來比較不同社會的異同，而且因為是問卷或訪問的搜集資料法，主持研究者不必親身去做調查，可以委託當地學者或專家代辦，並且可以搜集大數量的樣本以供比較之用。

但是社會調查法用在比較社會研究上也有不少的困難，其中包括下列幾點：

(一)比較社會的調查法第一個必須注意的問題是如何去尋找出一套可以適用於每一個社會或國家使用的研究法。在平常單一國家內的調查法使用時，因為語言、文化與社會規範大約類似，因為研究者在挑選研究方式時比較不必擔心調查法可能造成的誤差。但是在做二個國家以上的比較研究時，就必須顧慮到決定採用的方法是不是在每一個國家都行得通。譬如，使用面對面口頭詢問的訪問法在美國和其他開放國家可以行得通，但是在蘇俄等共產國家，由於其對人民控制嚴格，不僅政府不允許研究者採用面對面訪問法，而且人民也很可能因懼怕猜忌而不敢回答。因此，訪問法並不適於做美蘇兩國社會比較的方法。

(二)樣本的抽取是比較社會調查法使用時的第二大問題。一種常用的抽樣方式是用電話簿上名單採隨機抽樣方式抽，這在電話普遍的美國社會是可以用的，但在電話普遍性低的國家，則行不通。例如，在今日中國大陸，電話只有行政機關，幹部以及極少數的居民才有，絕大多數的人民並沒裝電話，如果以電話簿為依據在中國大陸抽樣則其代表性絕不可靠。另外一個與樣本有關的問題是受訪者的意願問題。平常我們在做調查法時，無論是訪問法或問卷法，總有人不願意回答，但是在有些國家，政府可能不准回答，也可能強迫人民集體回答。這樣的調查客觀性問題自然嚴重。前幾年，中國大陸一羣社會學家在美國社會學年會上曾發表一項在大陸做的調查，強調百分之一百的問卷都回答寄回來，說客觀性可靠性高，引起美國學者的大笑。他們認為這種百分之一百的收回率雖可觀，卻是在內容的可靠性大成問題。有些美國學者乾脆說，這是「不可思議」的事。

(三)樣本的比較能力也是需要特別注意的問題，因為不同國家的人口登記方法常有所不同。例如，有些國家是用選民登記錄為依據，有些是有戶籍資料，有些是以學生家長手冊為依據。如果在這些不同的資料來源上抽取樣本，則樣本的比較能力必然相當低。因為它們之間登記方式不同，所能代表的人數也可能不同。在已開發國家，因為政治穩定，社會制度完整，居住地域的改變較少，問題亦較不明顯。但是在開發中國家，由於人口的遷移頻繁，都市成長快速，地域的變更常日新月異。半年或一年前的住址或地圖，很快就失去其眞實性的。另外，國與國之間都市或鄉村的定義也不一樣，不能平等視之。譬如，美國正式的都市地區定義是指有二千人居住的地區，但在臺灣平常的用法則是要二萬人以上才算。因此，如何找能比較的樣本就成問題。

(四)訪問員素質的問題。在任何一個應用調查法的研究裏，訪問員的素質往往代表研究成果的好壞。通常在出發做訪問時，訪問員必須接受專業短期訓練，其目的是讓所有訪問員都能瞭解研究的目的，並學習正確的訪問方法。因此，訪問員要注意到儀容、談吐、禮貌、態度、發問的技巧以及對問卷問題的標準性之瞭解。訪問員必須要可靠，並能取信於受訪者。這條件在單一國家的研究裏本已相當重要，在國家與國家間的比較研究時更是重要。訪問員在開發中國家的人數不多，而且專業知識也少，較容易發生誤差，尤其訪問員往往是樣本設計者、樣本收集者、調查者、統計分析者，身兼數職，一有誤差，更難發現。訪問員最應該避免的是把個人價值滲雜在問問題時，影響對方的回答。在開發中國家的訪問員常常是受過教育的中產階級以上者，他們的價值觀點往往與社會大衆差距很大，不能代表社會大衆。更糟糕地是訪問員偸懶而塗改答案，或掩飾眞情。

　　(五)第三者在場的問題。調查法的一個很重要的原則是受訪者能按自由意願表達自己的態度或意見。在美國社會裏隱私權受到相當的重視，旣使夫妻之間亦互不干擾或拆閱信件。因此，在回答問卷時，可自由塡寫。但在其他國家則沒那麼容易。有研究者發現在歐洲所做的調查有一半是有第三者在場。這情況在開發中國家更是普遍。研究者發現，有第三者在場時，受訪者常在有意無意間徵求該第三者的認同。有一個在開發中國家做的研究，訪問者發現訪問進行時有一大羣人圍觀，如果受訪者答的跟圍觀者所想的一樣，則大夥會高聲贊同，否則會表示不同意見，影響受訪者的態度。如果有政府官員隨同，則情況更糟，受訪者無自由表達的可能。因此，第三者在場的問題必須愼重處理。

　　(六)問卷內容翻譯的問題。在社會調查裏，問卷內容所包含的項目、問題的語氣、以及問題前後次序的安排都可能影響到資料的收集。在比較社會研究時，這問題更是嚴重。首先，問題設計者可能以美國爲主觀依據而設計問題，忽視社會與社會之間的差異。例如，在美國，宗教信仰一直是影響人們行爲與態度的主要變數，而且大多數的美國人也都清楚自己是屬於那一個教派。因此，在問卷上加上這一項是理所當然的事。但是，在中國社會裏，人們的行爲和態度受宗教直接影響者並不多。因此，宗教這因素並不重要。再者，絕大多數的中國人並不屬於佛、道，或基督、天主教，界限不清楚，如果在問卷上硬有美國式教派的分法，絕大多數的回答，可能就在「其他」項或「不知道」項上。因此，問題的內容要適合國情。否則問不出所以然來，也無法做比較。另外一個更要謹慎處理的問題是問卷的翻譯問題，語言常常是一個文化的中心，它代表着社會裏人們對周圍事物的看法，是文化的抽象徵象，而且往往是人們行動的指導原則。如果沒有語言，人們思想方式不可能成形。但也正因此，不同文化裏常有不同的語言，同一物體在不同文化裏可能會有不同的語言來描述，同一文字也可能代表不同的意義。翻譯並不是簡單地事。例如，問卷上常問年齡。「請問你幾歲？」中國人算年齡是出生日起即算一歲，第一個生日則算二歲，美國人則在出生一周年才算一歲。因此，同樣的問題，在不同的社會有不同的意義。又例如，美國人對「男朋友」、「女朋友」的定義就比中國人要鬆得多，也不一定有親密的含義在內。但是中國人一提到「男朋友」或「女朋友」則已有情侶的含義。另外，有些句子由於文化的不同，很難找到相同的句法翻譯出來。

（七）「客氣話」的偏差。這是指受訪者「客氣話」回答問題，尤其在亞洲國家，受訪者常常客氣低估自己的成就、社會地位以及個人滿意程度。譬如，一個問卷裏問到「你對自己在社會上的滿意程度如何？」在日本或中國受訪者當中會有很多人回答「還可以」、「勉強過得去」等謙虛的回答。不能據此而聲稱中國或日本人成就低或社會地位低。相反地，在一些中東國家裏，人們常過份吹噓自己的成就。因此，在設計問卷時也就必須注意到這些偏差。

上面這些問題是比較社會研究者使用訪問法與問卷法裏常碰到的問題。不同社會的環境不同，因此解決和處理這些問題的方法亦不同。雖然如此，幾項基本原則是可以用來參考的。

第一，也是最重要的是研究者本身應該對所有受研究的國家、社會或文化要有基本性的瞭解。這種瞭解不僅有助於問卷的設計、樣本的抽取、訪問方法的選擇，以及對最後的統計分析皆是必需的。最近我服務的系裏請了一位相當有名氣的社會學家來做演講。這位社會學家以問卷法做了不少研究，在美國社會學評論也發表了不少論文。在演講中，他提到利用統計資料做了幾個比較社會的研究報告。我問他對其所牽涉到的國家瞭不瞭解，他說他從未去做，也沒閱讀過有關文獻。他認為這些是不必要的，因為數目說明一切，所以他可以在二、三星期內寫出了二、三篇研究報告。其實在美國社會學界，像他這種人不少。其誤差之可能性大可肯定。對當地文化的瞭解不應從自己的觀點來看，而是從當地人的觀點來看。往往，研究者認為自己的主觀解釋更優於當地人的看法，因此堅持自己的看法。這種觀點的害處與上面提到的不瞭解的誤差是一致的。一種補救的方法是由當地的學者一齊參與研究工作，在設計、調查進行以及分析工作上共同研討，以尋求適合的研究方式。不過彼此間一定要有合作的精神與誠意，否則以大欺小，仍無好處的。❸

　　第二，研究設計裏的基本命題和假設不能定得太死板，一定要有彈性和通融的地方。因為要在不同的社會裏找到完全相同的概念是非常困難的。往往，一個概念在不同社會裏所涵蓋的範圍並不同。譬如說，在研究宗教時，我們寧可用信不信神，拜不拜神來做為比較的變數，而不能用信不信「上帝」，拜不拜「上帝」。因為並不是每一個文化裏的宗教信仰都有「上帝」，而且即使有「上帝」，也不見得就只有那麼一個。再譬如，在研究比較家庭制度時，「親屬」到底是指那些？也是一個問題，像中國人包括在親屬內的人數相當多，美國人則較少。因此，研究

❸ 以數量調查資料為依據的比較社會往往是第二手間接資料的統計數目，在經過電腦的計算後找出變數間的因果關係，至於對這因果關係的解釋則完全憑直覺。因此，往往有誤差。

者如果要斤斤計較的話，很難找出可以比較的社會現象。

第三，最好能配合其他的研究方法。單是以調查法可能不深入，也可能有誤差，如果能配以觀察法，或間接資料的分析，則可以互相彌補缺陷。一般來講，調查法在下面幾種情況比較適合：（1）當研究者的目的是在尋求大數量資料的分析時；（2）當研究主題很明顯時，而且研究者對該主題有深度的瞭解時；（3）當研究者知道資料的可能來源或對象時；（4）當研究者有足夠的人力和財力去做調查搜集資料時。上述這些條件若具備則調查法是一個適用的方法。觀察法則可能適用於下列的狀況：（1）當研究主題牽涉到複雜和內涵性的人際關係時；（2）當研究者希望獲得第一手資料時；（3）當研究目的是針對一連串發生事件的質的分析時；（4）當研究者需要深入尋求潛在價值或功能時；（5）當研究的對象數目小、範圍狹窄時。在這種情況下，觀察法是可以用的。

當然，調查法的最大優點是可以做數量性的分析，但是這並不就等於說觀察法就不能用數量來表達。同樣地道理，雖然質的深度描述是觀察法的最大特點，這也不就等於說調查法就不能深刻。兩者的運用配合應該受到鼓勵和重視。目前，社會科學界對質與量方法的爭執其實是不必要的。

除了上述觀察法和調查法以外，近年來在比較研究上逐漸受人引用的是間接分析法（secondary analysis）。這種方法是利用他人已搜集成的資料再做分析。特別是各國政府機關所搜集刊印的人口統計資料、經濟和社會指標資料等等。這類資料流傳廣泛，而且也有一定程度的可靠性，用來比較多數量的社會或國家是很容易的。更何況這些資料是現成的，不必花太多時間就可搜集得到。比較國家的經濟成長方面的研究幾乎都依賴這種資料，比較犯罪研究也常用它。這些資料有些是各國單獨出版的年報或專刊，有些是由超國際的研究單位搜集而成，更有些是由聯合國統一編撰而成。研究者搜集容易。在社會學裏最早使用這類資料的是涂爾幹的自殺比較研究。

但是這類資料的分析也有其缺點。首先，我們必須明瞭這類資料原先搜集時的目的並非做爲社會學分析之用。譬如，中華民國各級政府單位往往收集統計資料刊印年報或年鑑，做爲施政成果的表揚，也做爲未來施政計劃的依據。戶政單位有戶政方面的相關資料，但不一定有教育或休閒方面的資料；福利單位收集的對象是社會補助和救濟方面的資料，也很可能不收集選民投票率方面的資料。因此，如果社會學家要比較相關的變數，往往發生困難。另外一個問題是因爲資料原始搜集目的不同，資料內的項目分類，就可能無法做更深入的分析。例如，臺灣省統計年鑑把居民分爲本省與外省人，就不再細分。但是如果一個社會學家想更進一步分析本省人裏客家人、漳州人或泉州人的特色就無法去做。

第二種困難是間接資料的原有分類項目可能不適用於社會學家的運用。因爲資料搜集機構有其各自目的，分類自依其目的而定。譬如，中華民國社會指標統計裏，公教人員就業狀況分類僅僅分成考試及格人員和未經考試人員。但是社會學家可能希望分類項目能包括省籍別、職位別，以及教育別。另外一個問題是在做長期分析時，不同年份之年鑑的分類項目有時亦有差異，有些年代的分類項目是一種，另外一些年代則又是另一種，難做系統比較。例如教育部出版的中華民國教育年鑑早些年有從留學國別而列出回國服務人數，近幾年則不再做此分類，引來比較上的麻煩。如果從比較社會研究的方法上來看，則每個國家的分類又各有不同，更難做比較。

第三類困難則是資料搜集時的準確問題。資料搜集機關的工作人員並非是專業者，也未受過嚴格的社會科學法的訓練。因此，在搜集、登記和統計時可能會發生誤差。而且這種誤差在第三者（如社會學者）應用時很難找出。有些機關和國家甚至故意塗改資料項目，則問題更是複雜和嚴重。

第四類困難是資料供應問題。有些資料在政府機關內被認為是高度機密文件，不易外借，無法供作研究分析之用。例如，政府對抗戰時期的某些重要文件史料仍然列為高度機密，造成研究該時期之歷史社會者極大的困難。以往政府對臺灣地區各縣市的街道地圖列為軍事機密，造成研究者抽取樣本時無所依據。

上述這四類使用間接資料的困難在研究單一國家時就已可能發生，再應用到數個國家比較時這些困難更是明顯。想想看，如果你做一個包括五個國家的研究，可能有五種不同的分類法，五組不同的資料登錄者，五種不同的項目定義，其可能造成的困擾可想而知。

不過雖然如此，由於間接資料是現成的，而且資料來源相當廣泛。因此在比較社會的研究裏仍然是很受歡迎的。尤其又可以做大數量的比較及做統計的比較，在比較經濟發展研究中最為常見。

除了觀察法、調查法以及間接分析法之外，心理學家有時候應用圖片來做比較社會研究。以一套完全相同的圖片交給不同社會的人們做解釋，因而表達每一個社會的特性，找其解釋之異同性。這種圖片解釋的方法的優點是沒有文字翻譯上的困難，也沒有訪問員訪問技巧上的缺點，讓受訪者按本人主觀印象描述圖片所代表之主題或意義。不過，這種方法的一個缺點是資料搜集回來後整理的問題，研究者在分類過程中可能有主觀的偏見，在分析時亦可能欠缺客觀的標準，所以只能偶爾為之。

第三章 古典社會學之比較研究

第一節　孔德與斯賓塞

　　歐洲社會從工業革命以來，在十七世紀一直到十九世紀末期皆經歷着劇烈地變遷，無數的宗教衝突，政治鬥爭、經濟轉型，再加上海外殖民地的擴展等等都直接或間接地影響了當時的思想界。

　　社會秩序和社會進步於是成為當時大多數思想家的二大關心問題。從英國哲學家霍布斯(Thomas Hobbes)一直到馬克斯(Karl Marx)和韋伯（Max Weber），討論的中心無一不是環繞着秩序和進步的主題上。從比較社會學的觀點來看，當時的思想家的哲學論點很少是針對某一個國家而發出的，歐洲的地理和政治環境造成歐洲思想界的超越國籍的泛歐洲理論，海外殖民地的開拓與新大陸的發現，亦擴大了他們的眼界。因此，絕大多數的理論或思想皆以全人類為範疇。❶

　　霍布斯認為人是一種自私的動物。因此，人與人之間的衝突是無法避免的，戰爭更是免不了。陸克（John Locke）則認為戰爭和私利並非人的本性，因此是可以避免的，整個人類社會應該是和諧的。盧梭（

---

❶　參閱蔡文輝《社會變遷》。臺北：三民。民七一年，頁59。

Jean-Jacques Rousseau) 也認爲人類的墮落並非是天生的，而是社會經歷所引起的。聖西門（Saint-Simon）則進而主張以政治學的研究做爲社會科學研究之首位。他認爲人類的快樂必須來自現有的社會秩序，因此乃需要一個新的工業組織，社會政治體系以及一個統一的歐洲來負擔這重任。

社會學就在這種劇變的歐洲社會的時代裏產生。孔德（Auguste Comte）承襲聖西門的基本觀點，在親身經歷了法國大革命所帶來的破壞與社會解組的情況下，提出改善社會的步驟和策略。孔德通常是公認的社會學之父，因爲他不僅首先創用了社會學（sociology）這名詞，而且他強調以科學的方法來瞭解社會，改善社會。

孔德把社會劃分成三個主要層次：個人、家庭及社會。個人的組合形成家庭；而家庭所具有的道德特質和協調功能則形成社會階層、城鄉、政府等社會單位。孔德認爲對社會的研究不能單憑想像和粗淺的觀察，社會學應該利用生物學的方法和理論來分析社會秩序和進步的過程。他認爲自然科學裏的靜態（statics）和動態（dynamics）的分析方法也應該可以推廣到社會學上。因爲它們代表着一個理論的二面，也符合社會秩序和社會進化的雙面觀點。社會靜態的研究着重於對社會體系內各部門的相互協調的關係；社會動態的研究則把重點放在社會發展史的研究。

孔德的比較觀點主要可以發現在他對人類歷史的階段解釋。他認爲整個人類進化的過程就像一個人的生理成長過程一樣：由嬰兒、青年而至成年期。社會發展則由：神學、哲學而至科學時期。在神學時期裏，人們的心靈在尋求自然界之起源與目標時，總歸結到超自然的神靈；在哲學時期裏，人類的心靈論則涉及創造萬物的那股抽象力量；在科學時期裏人們已不再尋求萬物的源始與終點，轉而重視並應用到研究人類本身的基本法則。

在孔德看來，人類的進化一定要經歷這三個時期；神學時期是產生哲學時期的基礎，而哲學時期則是科學時期的淵源。在前一時期未破壞前，後一時期不可能產生的。科學的發展過程也同樣要經過這三個類似的過程。科學中發展最早的是天文學，然後是物理學、化學、生物學，最後才是社會學。每一科學的產生全是已有科學的累積成果，因此科學愈發達就愈複雜。在所有的科學裏，社會學是最複雜，也最依賴其他科學的知識。因此，社會學應該被置於科學階層的最頂端。最適當的研究社會方法是將社會視爲一個整體，進而分析其內在成份，決不可將每一成份或單位做個別獨立的研究。科學時期的到來正給社會一個客觀分析的機會。

孔德的思想範疇事實上與當時歐洲思想界步調相當一致：試圖發展一種以歐洲經驗爲主的泛人類社會理論，抽象而缺乏實際個案的支持。但是這種傳統在英國的斯賓塞 (Herbert Spencer) 手上就有了轉變。這個轉變主要地來自兩方面：達爾文 (Charles Darwin) 的進化論的影響給當時的學術界一個極大的鼓舞，這理論並非來自哲學家本人的幻想，而是建立在某一程度的驗證資料上。這理論對人們的歷史觀做了一個重要的突破；另一方面則是斯賓塞對英國海外殖民地文化的瞭解擴大了他超越歐洲的眼光。非洲和南太平洋的初民社會文化習俗給斯賓塞（以及後來的涂爾幹）一個構想前歐洲 (Pre-European) 時代的人類社會的典範。❷

斯賓塞認爲宇宙的進步是一種由模糊、欠和諧的以及同質性的境界

---

❷ 參閱蔡文輝《社會學理論》。臺北：三民。民六八年，頁 30-34。

轉變到一種明確清晰、和諧及異質性境界的過程。此種進化過程在自然界到處可見，人類社會的進化也不能脫離這宇宙性的自然定律。他認為如果我們仍然堅持社會程序與自然定律是二樣的，則我們就無法把社會學發展成一門科學。正因為這種觀點，斯賓塞也將社會視為一種有機體；任何進化皆能改變一個社會的結構與功能，其體積的增長斗必導致社會的分化；社會體積愈大，則其結構亦必更複雜。

對斯賓塞來說，社會發展的方向與目的是社會整合，因為社會裏的單位如欲在競爭中求生存就必將其結構與功能逐漸分化以配合適應社會的複雜性，就如同高低等動物的區別一樣：在初等社會裏，各部門的分界線模糊不清，但在高等社會裏則各部門的明顯異質性配合成一新的整合，依賴性也增加。

斯賓塞依內部整合的程度之差異而成立了兩種主要類型：軍事社會（militant societies）與工業社會（industrial societies）。軍事社會的主要特徵在於武力的結合，社會裏各部門的協調並非自動性的，而是以武力強迫來達成。在此種社會裏，人民對政府的合作是一種強迫性的合作（compulsory cooperation）；人們的主要活動是攻擊與防禦，保護與擴張社會；個人為國家利益而生存；固定的階級、職業及世襲地位；經濟自給自足；服從及忠誠。

工業社會則是建立在一種自願的合作（voluntary association），社會的中心組織並不集中於政府或某一單位，而是分散於各部門下。工業社會的特徵包括：和平與消極的節制活動，私人組織的形成，有彈性的社會階層，經濟互賴，反對暴力與權勢，自動自發的社會人格。

雖然斯賓塞的社會進化論中認定社會是由軍事型演化到工業型社會，但這並不表示演化是直線上昇的，中途可能遭遇挫折或阻礙而使進化的速度快慢不定，甚或停滯不前。他亦指出，進化並不一定就按預定的階段進行發展，而受社會與自然環境因素的影響。

斯賓塞認爲社會進化事實上就是分化 (differentiation) 到整合（integration）的過程。未分化前的社會是一種單純的社會（simple society)，但當社會的節制功能 (regulatory function)，操作功能（operative function）及分配功能 (distributive function) 開始分化後就進化到三個混合合成階段：(1) 初級混合社會 (primary compounding society)，有簡單的分工，教會組織，永久性村落的出現；(2) 次級混合社會 (secondary compounding society)，有精細的農業分工，官僚制度，大村鎮，嚴格的階級，初級的貿易交換制度；(3) 三級混合社會 (tertiary compounding society)，有現代式政府組織、工業資本主義、精密的律法、都市、彈性的階級、活潑的貿易等活動。

總而言之，斯賓塞的社會進化論是藉非洲和南太平洋初民部落的文化特徵來推測歐洲（以及全人類）在未開發前的形像。再依此而論及當時之工業社會。❸

第二節　涂爾幹

如果說孔德是社會學之父，則涂爾幹應該可以說是比較社會學之父。當然這樣劃分決不會爲涂爾幹所接受，因爲他再三堅持比較社會學並非是社會學的一分枝，比較社會學就是社會學，兩者是不可分割的。

---

❸ 參閱 Neil J. Smelser, *Essays in Sociological Explanation.* Englewood Cliffs, N. J.: Prentice-Hall, 1968, p.246. Jonathan H. Turner & Leonard Beeghley, *The Emergence of Sociological Theory.* Homewood, Illinois: Dorsey, 1981. pp.48-50.

涂爾幹的社會學中心概念是建立在一個社會唯實論 (sociological realism) 上。他認為社會是不能被縮減至個人的，因社會的實際存在係基於團體而非個人。社會現象是社會事實 (social facts)，擁有特殊顯著的特徵和決定因素，因此不應該以生物學或心理學概念來分析。他主張把社會學研究的主題放在社會事實上。

涂爾幹認為社會事實是控制個人行為的外來力量。每當人們違反社會的規則或要求時，此種控制個人行為的力量就會發生作用。社會事實因此不是個人的心理狀態，而是附在個人身上的一種外來力量。社會裏的個人會死亡，但社會事實則延續不斷，社會事實因此也是一種道德的約束力量，遠超過個人生理構造所能產生的。它可能產生在人們的社會互動裏，也可能記錄在社會風俗習慣及律法裏。當社會事實深深嵌在個人的行為和心理時，社會事實就會發生約束的作用。

涂爾幹的《分工論》是分析社會連帶責任 (social solidarity) 的代表作。他在分工論裏談到原始社會與文明社會最大的不同在於前者是一種機械性連帶責任 (mechanic solidarity) 的社會，而後者則是一種有機性連帶責任 (organic solidarity) 的社會。機械性連帶責任是建立在社會裏各份子間的同質性上，社會的價值和行為融洽一致，人們重視傳統與親戚關係，因此社會的束縛力也較強，各個人之間的差異較小，社會大於個人。有機性連帶責任的淵源則是基於個人的異質性。社會由於高度的分工化使每個人都變得很特殊，人與人之間較少同質性。同時，人與人之間的互賴性也因此相對增加，合作就成為必需的，就如同有機體生物的各份子間相互依賴合作生存一般。在機械性連帶責任裏，社會因同質而整合，在有機性連帶責任裏，社會則因異質滋生的互賴而整合。對涂爾幹來講，社會裏個人之所以能分工合作，共同生存的原因完全繫於一種超諸個人的外在約束力量，亦即社會事實，也是一種集體意識（collective consciousness）。宗教信仰就是這種集體意識的表現。

涂爾幹在他的《宗教生活的基本型態》(*The Elementary Forms of the Religious Life*) 一書裏指出宗教現象實際上就是社會現象。他認為每一個社會通常會把社會事實歸納成兩類：一種是神聖的 (sacred)，它是指那些具有特殊神力並讓個人畏懼的事物；它通常僅在特殊情況下才出現；它代表着社會的價值、情操、權威以及信仰。另外一種是凡俗的 (profane)，它是指平常的、熟悉的，或天天見到的事物；它的存在僅對個人有用途，卻不一定對整個社會有太大的影響。

涂爾幹進而指出一個事物本身並無神聖或凡俗之分。其所以為神聖或凡俗完全是社會所界定。因此，宗教在他看來，代表着無形的、神聖的，以及讓人畏懼的社會集體意識；人們對宗教的敬畏事實上也就等於是對社會的敬畏。宗教儀式養成人們的自我訓律以約束人們的生活；宗教儀式亦藉此集合人們灌輸社會的傳統習俗。因此，在初民社會裏，宗教就是社會，社會亦就是宗教，兩者是不可分割的。

涂爾幹的自殺論也是朝社會事實的證明而出發的。他指出自殺行為絕不是心理變態、生理變態或季節氣候的因素在操縱，自殺行為是一種社會事實，受社會因素的影響而致。因此，社會學對自殺的研究應比其他學科更為妥當。他提出四種不同程度的社會整合所產生的四種不同的自殺類型。

第一種是當個人的私利重於社會的公益情況下所發生的自殺；社會對個人的約束力不強，涂爾幹稱其為個人主義式自殺 (egoistic suicide)。第二種是當團體的義務重於私人利益時，個人失去決定本身利益的權力時所發生的自殺，涂爾幹稱之為利他式自殺(altruistic suicide)。第三種是當社會制度暫時突然破裂，失去控制人們日常行為準則的效

力, 人們在無所適從下所產生的自殺, 涂爾幹稱之為迷亂性自殺 (ano-
mic suicide)。 第四種是一種命中註定式的自殺, 個人無權決定該不
該自殺, 此即是宿命論式的自殺 (fatalistic suicide)。涂爾幹以此四
型自殺特質來表現社會的不同整合程度。

涂爾幹的分工論探討人類社會在工業化過程中社會連帶責任的歷史
變遷; 宗教論則研究初民社會的比較, 而自殺論則把重點放在當代歐洲
各社會裏整合程度的比較, 而且在自殺論裏, 涂爾幹也首次運用統計資
料來支持其論點。因此, 他對比較社會學的堅持是很明顯的, 涂爾幹認
為歷史的研究可以提供我們某一社會事實的起因, 功能的比較則說明其
操作過程。因此, 社會學應是比較社會學, 只有比較才能完整的描述一
個社會事實的起因、發展過程以及其結構功能。

涂爾幹認為有兩種方法可以用來解釋社會事實: 一種是分析其功
能; 另外一種則討論其歷史, 把這兩種方法合併成「廣泛比較」 (the
extended comparison) 才能成為真正的社會學方法。他認為我們必
須做兩種比較: (1) 比較歷史和民族學 (comparative history and
ethnography), 用來研究社會規範制度的起源, 並描述社會內份子間
的關係; (2) 比較統計 (comparative statistics), 用來分析因果變
數之間的關係。

涂爾幹的「廣泛比較」方法在他對自殺、宗教, 分工以及家庭的研
究裏到處可見。不過, 他在《社會學方法論》(*Rules of Sociological
Method*) 裏講得最為詳盡。他說: 社會現象既然很難在實驗室裏做觀
察, 那麼比較法就是唯一最適合於社會學的了。首先, 我們可以比較現
在與過去的異同, 然後我們可以比較份子間的異同。對社會現象的研究
不能單單分析現在, 必須注意歷史; 但是反過來講, 也不能單單注意歷
史, 而忽略現在的分子間關係。

仔細來講，涂爾幹的比較方法包括三個層次：

(一)歷史比較法 (historical comparison)：是比較不同社會或同一社會在不同時期的差異。社會學家必須運用歷史來幫助他瞭解現在，因為現在是以往歷史的累積，而且所謂的現在不久即成歷史。社會學家不能僅憑外表就說社會現象是甚麼樣，而必須尋求歷史發展。

涂爾幹所提倡的歷史比較法是把研究重點放在社會學理論相關的歷史研究上，而非單一歷史事件的描述，或某一個歷史人物的傳記。他說這些對社會學來講是沒有什麼大價值的。歷史學只有超越單件歷史或個人的描述而進展到比較的層次上時才有解釋的能力，也才能算是一門科學。當歷史學和社會學都運用比較方法時，這兩門學問就成為一體了。

(二)民族學比較 (ethnological comparison)：涂爾幹歷史比較的重點在於時間上的比較，分析社會現象的起源，發展過程以及結構變遷。他的民族學比較則比較二個或二個以上的社會之間的比較，也就是空間的比較。他深深相信一個健全的比較社會學應該包括歷史比較與民族學比較。他認為社會學對民族（社會文化）的興趣並不在於描述該民族的每一項特徵，而是在解釋這些特徵存在的原因及其對文化的貢獻或功能。所以當社會學家研究一個少為人所知的民族或社會時，他並非要告訴別人這個民族的特點在那裏，而是試圖瞭解這些特點的背後因素。比較民族學的中心應該是發現二個或二個以上社會的共同特性。

涂爾幹建議用統計的資料來比較不同的社會。他在自殺的研究裏就用了歐洲各國當時已搜集的統計數字來表達比較自殺率。當然，他也同意對一個社會的仔細分析也是有其功用的。他的宗教論就從這角度去做的。

(三)社會內部的比較 (intra-societal comparison)：對涂爾幹來講，不用比較法的社會學工作是不可想像的。像目前美國絕大多數社會學家所做的各種研究，無不牽涉到統計比較。例如研究種族問題者總要比一比黑白社會地位、家庭研究者也要比婚前婚後角色的改變等等，皆是社會內部的比較。在涂爾幹的「廣泛比較」方法論裏，社會內部的比較應該是第一個步驟。他指出我們常常因爲泛社會資料之不全，無法做社會與社會之間的比較，因此就必須從社會內部的比較先着手，而後再擴及其他社會。因此我們不應該排除社會內部的比較。

總而言之，涂爾幹的社會學就是比較社會學；他的社會學方法論也就是比較社會學方法論。沒有比較，社會學研究毫無價值，而且也不可能達到解釋社會現象的理想，更不可能建造一個完整的理論，他對統計比較的運用更爲後來的社會學奠定基礎，他的研究方法態度也一直是社會學方法論者所遵行的。

第三節　章　伯

韋伯的社會學對當代社會學的貢獻是沒有其他任何人可以比擬的。在比較社會學方法觀點上，韋伯的理論更是學者們引爲經典之作。❹

韋伯的社會學比較論點其實是針對馬克斯而發的。韋伯不認爲人的行動與社會結構的變遷可以由經濟因素來完全解釋，他也不同意社會科學的研究應該是社會革命的行動依據。韋伯將社會學視爲一種對社會行動的理解性科學，探討個人在互動過程中的主觀意義。因爲這種主觀意

---

❹　參閱蔡文輝《社會變遷》，頁79-85。Guenther Roth, "Max Weber's Comparative Approach and Historical Typology," pp. 75-96. in Ivan Vallier, *Comparative Methods in Sociology*. Berkeley: University of California Press, 1971.

義是社會與歷史交互影響下的產品。他認為社會行動，可能有四種不同的性質：（1）人的行動可能是有意義或有目的之理性行為；（2）這種理性行為可能是有價值取向的；（3）人的行動也可能由情感的動機發出的；（4）人的行動也可能是基於傳統的行動。

韋伯希望瞭解西方社會由情感的、價值取向的以及傳統的行動方式轉向理性及有目的的行動之演變過程。他的理論中心論題是針對一個問題：「那一種社會因素把西方文明帶到理性化？」他認為從人類行為的轉變可以找到現代西方人的顯著特徵，進而解釋西方社會理性化的過程。因此，個人行動應該是社會學的基本分析單位，而非思想或物質條件。所以，社會學是一種試圖瞭解社會行為的科學，用以解釋其成因、過程及影響。

韋伯認為所有的科學皆牽涉到研究題目之選擇與理論歸納的問題。他一方面同意實證學派的看法，認為社會和文化現象可以如同自然科學一般的研究、分析及客觀的歸納結論。可是在另一方面，他又同意當時德國哲學界的看法，相信人類的行為必然牽涉到意義及思想，因此研究者應從其內部來分析解釋。韋伯以為後者的哲學態度不僅未減低社會學的客觀性或科學性，反而更能說明社會科學的優越點。

韋伯提出了理想類型（ideal type）的概念做為研究工作時的工具，用以探討個案裏的類似點和差異點。理想類型的應用是比較研究法的基礎。理想類型並不一定要和具體事實吻合，因其構造是以普遍性的邏輯為準則，而非特殊的特徵或個案。因而，理想類型提供研究者一些假設，用以尋求並連接事件間的相關性。韋伯提到二種因果關係：歷史的(historical causality)和社會學的(sociological causality)。歷史的因果關係決定一個歷史事件發生的獨特環境。社會學的因果關係則試圖建立二個現象之間的規則性關係，以人口、經濟或其他相關的社會因素來解釋某二個現象之關連。

在韋伯所有的著作裏最享盛名的，可能要算是他對資本主義與基督教倫理的研究了。他在《基督教倫理與資本主義的精神》(*The Protestant Ethic and the Spirit of Capitalism*) 裏發現基督教在宗教改革運動之後所提倡的一些新的價值觀念與工業革命時期的實業家們的看法很類似。這些新的價值觀念包括：

1. 基督新教的倫理主張個人與神的直接交通，無須經手於教會或教士；教徒並非就是兄弟。此種思想消除了中古歐洲社會裏把所有信主的人皆視為兄弟的價值，因而提供了一種新的競爭觀念。在商業上的競爭也因此未違背教義。賺取利潤和抽取利息既然是商業行為的一部份，則自無不可。

2. 基督新教認為侍奉上帝的方式並不在於參加週日禮拜或參與其他類似的宗教儀式，而是把世上的事務做好。每個人的心靈都可能直接跟上帝交通，而侍奉上帝最好的方式是把個人在世上的事務做得盡善盡美：不奢侈、不浪費、不懶惰等等。此種新倫理正是資本主義裏勤勞努力的精神。

韋伯因此認為基督新教的倫理給工業化後的資本主義提供了精神與心理上的準備。宗教革命以後的新倫理也因此是工業革命與資本主義的催生劑。

韋伯的理論主要的是說明馬克斯的經濟決定論並非正確；經濟因素並非社會結構的主宰，更非社會變遷的主要原動力。思想意識，特別是宗教思想意識會影響經濟結構，亦會改變社會結構。

韋伯對西方社會的歷史演變因此並未遵循馬克斯所主張的生產方式改變論。韋伯認為西方社會的演變大致上可以說是三種權威(authority)的轉變。由傳統權威而演變到理性權威，偶爾也參雜著人格性權威的出

現。傳統權威 (traditional authority) 是建立在人們對傳統的尊敬上
而得，理性權威 (legal-rational authority) 則是依靠成文社會規範
所訂定的條例而執行。至於人格性權威 (charismatic authority) 則
是一種人格崇拜下的產物。這三種權威以人格性權威最具破壞性和危險
性，而以理性權威最有效率，亦最穩重。近代西方社會之持續發展就是
因為理性權威發生了作用。未來的西方社會仍然會是以理性權威為基幹
的。

　　跟理性權威息息相關的一種社會制度是「官僚制度」(bureaucracy)。
這制度把理性權威的特點發揮淋漓，因為官僚制度具有至少七種主要特
徵：(1)官僚制度裏設有規則，執行必依規則行事；(2)官僚制度裏每
一個成員皆有其特定的任務；(3)人員的安排有高低之分，以利統御指
揮；(4)人員皆受過專業訓練，方能執行其任務；(5)制度裏公私分明；
(6)官僚制度裏的資源分配必須按組織的需要進行，不能按個人喜好決
定；(7)官僚制度的政策和執行細則皆有文字明文規定，減少不必要的
主觀紛爭。

　　在韋伯的理論上，資本主義精神、理性權威、官僚制度等三者是相
互影響的。它們代表現代社會的主要特質，也代表思想意識與社會制度
的交互影響作用。韋伯的比較研究法的一個基本出發點是認定上述三種
特質是西方社會所獨有的。他的比較研究想證明中國、羅馬、印度以及
猶太社會裏的宗教思想皆缺乏上述特質，因此皆未能發展出工業革命與
資本主義。韋伯的理論因此着重於為什麼這些非西方社會「沒有」資本
主義所需要的宗教倫理？

　　在比較研究上，韋伯的重點並不在於世界各國的政治、社會或經濟
因素上，而是在於當時世界各國的宗教倫理上。他並無意尋求工業化的
基本條件，而是宗教意識與工業化的關連。現代的發展理論者 (deve-

lopment theories）十分重視文化的傳播功能（如聚同論者殊途同歸的看法），研究各國與各國之間互相來往影響下的發展過程。韋伯的興趣卻放在某一特殊因素的有無存在問題。簡單來說，有基督新教倫理才有西方社會的工業革命與資本主義；沒有基督新教倫理也就沒有非西方社會的工業革命。韋伯所尋求的因此是歷史的獨特性（unigueness）和個案性（individualistic），而非歷史的通則性（historical universal）。

韋伯認為馬克斯和斯賓塞所發展出來的人類歷史進化階段是不可能驗證的，也沒有事實的根據。他用兩種方法來做比較研究。第一，他以一個他自己所熟悉的歷史個案為例來詮釋另外一個個案，幫助讀者有較深的印象；第二，他把不同現象裏類似的特質精簡抽出而構造出理想類型，以利比較。

韋伯在他的《經濟與社會》（*Economy and Society*）裏表現出他的比較方法用以研究歷史事件與重新解釋歷史。他主要是運用兩種比較方法。一種是歷史法，係將歷史類同的事件加以綜合描述來解釋在某些情況下的運作情形。另外一種是世俗理論法（secular theories），係針對特殊歷史事件的獨特徵象而設；經由歷史法所搜集的資料和解釋推演到特殊歷史事件的觀察。這兩種方法的使用在他的權威、官僚制度以及資本主義的研究上皆可看出。

總而言之，韋伯的比較方法相當的抽象。他不像涂爾幹的比較方法那麼清晰，也不像馬克斯的歷史辯證論那麼地條理分明。韋伯雖然主張社會學家的價值中立性，但是他的比較方法有很明顯地自由心證的主觀成份。基本上，他對非西方社會的研究只不過是用以旁證他已建立的資本主義興起論，強調只有西方社會有基督新教倫理，所以只有西方社會能發展出工業革命與資本主義。中國和古猶太人社會之所以沒能發展出工業革命與資本主義乃是因為它們缺少基督新教這種倫理。

韋伯的社會學理論成爲二十世紀美國社會學的主流，　其比較社會學理論也成爲研究現代化過程者之理論根據。　比較社會學者如貝拉（Robert Bellah）對日本現代化的研究很明顯地承襲自韋伯理論。其他如艾森斯達特（S. N. Eisenstadt）和默爾（W. E. Moore）的現代化研究亦有濃厚的韋伯色彩。甚至於派深思（Talcott Parsons）晚年所提出的比較社會進化論多多少少亦受韋伯的影響。

但是我們也必須瞭解，韋伯對非西方文明的分析是經由二手資料間接歸納而成的，而且他的興趣又在證明西方資本主義的獨特性，所以其中故意歪曲的地方不少。雖然如此，韋伯在比較社會研究的努力給後來的學者提供了一個良好的起跑點。

第四節　馬克斯

在西方近代社會思想史上，馬克斯的思想毫無疑問地占有相當重要的一頁。如果說當代的社會學、政治學、經濟學皆承受馬克斯思想的衝擊，一點也不過份。因此，不論我們是否同意或接受馬克斯的思想，我們皆應該學習並瞭解馬克斯思想。

馬克斯思想的主要重點在於建立一個能同時用來解釋資本主義的起源，而且也可預測人類社會未來的理論。不像別的社會思想家堅持客觀的原則，馬克斯深信社會科學的研討與政治息息相關，理論不是空談，而是帶引行動。　因此馬克斯的思想不僅可以用來解釋社會的革命性變遷，而且也可用來指導社會未來的方向。馬克斯強調物質因素在人類歷史演變過程中的重要性。因此，決定人類社會的生存與發展的主要因素

---

❺　參閱 Turner & Beeghley, *The Emergence of Sociological Theory.* pp.114-192.

不是意識觀念，而是物質環境。這物質因素決定了人與人之間的互動關係、社會型態、人類歷史以及人類未來的前途。馬克斯指出所有的人類社會裏皆具有三個共同的特徵：

第一，人們必須從其物理環境裏生產出能維持其生命和創造歷史的物質。因為人們需要吃、喝、穿、住，這些需要得經過生產才能獲取的。因此，每一個社會必須發展出某些滿足人們在這些方面的基本要求的規範。

第二，人們總有新的需求。這種新需求的產生是必然的現象，也因此而逼使社會不斷地改進其生產的工具和方式以滿足社會裏人們的需求。生產與消費兩者是交互影響的。

第三，生產總牽涉到人與人之間某種程度的合作。也就是說，人們分別做其所該做的事。馬克斯強調，在大多數的社會裏，這種合作是強迫性的。因此，那些擁有分配他人的權力的少數人就會欺壓多數人和剝削多數人。這兩者的衝突也就不可避免。

馬克斯按照上述這三種人類社會的共同特質而發展出他對人類歷史演變的解釋觀點。這些觀點主要包括下面七點：

第一，意志並不決定人與人的關係。人與人之所以發生關係主要是因為物質上的需求。因此當生產物質的方式發生改變時，人與人的關係就會有改變，而導致社會的改變。哲學思想或意志並非是人際關係改變的主因。

第二，每一個社會都包含一個內部結構與一個超級結構。內部結構係指經濟結構決定生產的方式，超級結構則包括意識、法律、政治、家庭以及宗教，此等係由內部結構而滋生。換句話說，一個社會的物質基礎是所有其他社會結構的真正基石。因此，生產方式（內部結構）的改變必然造成社會關係（超級結構）的改變。

　　第三，生產方式與人際關係之間的矛盾造成了社會變遷。生產方式本身可能就有矛盾，生產方式與分配方式亦常相互矛盾。這些矛盾製造了新的生產方式與新的人際關係，導致社會的變遷。由於矛盾是無法根除的，所以社會就永遠在變。

　　第四，矛盾是所有社會過程的基素。矛盾並非始於外在因素，而是社會發展過程中內部必有的現象和特徵。資本主義的生產方式雖然提高了物質環境，卻也同時提高了矛盾的嚴重性，而終至其最後不可避免的毀滅。

　　第五，矛盾可見諸於階級衝突。人類的歷史實際上就是階級鬥爭史。由於生產方式的分配型態的必然性，一個階級享受而另一個階級受苦的現象必然產生。以往是地主與佃農的對立，現在則是資本家與勞工的鬥爭。貧窮是資本主義生產方式所帶來的後果。

　　第六，矛盾的後果將是革命。解決這些矛盾和解決階級鬥爭的方式只有革命。此種革命不僅是政治性的革命，也是社會性的革命。因此，它必須是一種確切實際的運動。

　　第七，革命成功之後的社會將是一個無階級的社會。沒有階級，也沒有政府。生產工具和物質的分配全屬於社會裏的每一個人，沒有貧富多寡和有無之分。

　　馬克斯指出人類歷史演變過程中因生產方式的改變而造成的衝突矛盾在當代的資本主義裏最為明顯。資本主義因工業化而滋生，而工業化則有兩種相關的後果。他指出工業化的第一種結果是工人的疏離（alienation）感的產生，因為工業化的生產方式將一切自然性的人際關係，特別是家族關係都轉變成為「金錢關係」(money relationships)。疏離是一種對生命的空洞感與無力感。馬克斯強調工業技術的進步和資本主義的發展，使得工人對工作的環境和關係趨向於隔離疏遠；高度的機械自動生產化，造成工人對其所直接接觸的生產方法有一種失去控制的感覺而無法配合新的生產技術。工人在這種制度裏只不過是整個生產體系裏的一小部份而已，與機器的其他零件並無差別。

工業化所產生的第二種結果是一種革命階級的出現。馬克斯相信資本家對工人的迫害和工人本身的疏離感必使無產階級的工人產生共同意識（class consciousness），進而團結起來反抗資本家或資產階級。這個階級遲早會發動革命而創造一個完全平等的新社會。

馬克斯不僅在探討德國社會，也探討整個人類社會發展歷史。根據美國學者華倫（R. Stephen Warner）的觀察，馬克斯的比較社會研究除了資本主義國家的分析與討論之外，他對資本主義以前社會的興趣大致上可以分為三個時期。第一個時期是始自《德國意識》(The German Ideology) 的創作期間終至《共產宣言》(The Communist Manifesto)，大約是 1845 年至 1848 年期間。在這一段時期內，馬克斯以其自己的觀點對歐洲歷史重新加以詮釋。在這二篇著作裏，馬克斯基本上還是採用上古—中古—近代（ancient-medieval-modern）的時間序列來描述社會史的發展。至於在基本概念上，《德國意識》是以分工（division of labor）為主，而在《共產宣言》則是用階級鬥爭（class struggles）概念。

第二個時期大約始自 1852 年。因受 1848 年德國革命爆發的影響，馬克斯在此後的六、七年間埋頭在政治經濟學（political economy）上的研究。因此，他認真去學習與瞭解中國和印度等非西方國家以及歐洲封建社會裏的社會關係與結構。馬克斯在1851年至1862年之間是《紐約每日論壇》(New York Daily Tribune) 駐歐洲記者，他寫了不少有關歐洲經濟政治，英國在印度和中國的經濟軍事進展及美國內戰等方面的專欄報導。這些經驗提供馬克斯一個熟習和瞭解非歐洲社會的習俗。有一大部份的論文後來皆收集在《資本主義前之經濟型態》(*Pre-Capitalist Economic Formations*)內。這些年的研究成爲後來他三冊《資本論》(*Capital*) 的基礎。

第三時期是從 1862 年一直到 1870 年左右。在這十年內,馬克斯健康狀況欠佳,而且經濟上也發生困難。同時期內馬克斯也忙着重寫《資本論》,並組織領導第一國際 (First Internatioal)。因此,他的比較研究已呈停止狀態。不過由於 1860 年代晚期他也注意到俄國革命對資本論理論可能的貢獻,他開始體會到俄國的革命可以避免資本主義的罪惡。❻

基本上,馬克斯對歐洲歷史和非歐洲社會的興趣在於探討資本主義的起源及資本主義產生的條件因素。他試圖比較不同時代的不同工藝技術與生產技巧。更重要的是他認爲可以用他的理論來解釋所有社會的發展。社會與社會之間的不同特質可以在人們對生產方式安排的差別而顯現出來。馬克斯所謂的生產方式 (mode of production) 不僅是指生產工具的發明與使用,而且亦指人與人之間在生產體系裏的來往關係。因此,馬克斯的比較研究並不在於生產工具的工藝技術,而是在使用這些工具的人與人之間的關係的安排。據此,他劃分出下面四種不同類型的生產方式和生產關係:

1.**亞洲的生產方式**(Asiatic)——馬克斯認爲亞洲的生產方式最主要的特點是「私有土地的匱缺」(the absence of private property in land)。因此,沒有個人主義,也沒有反動思想,因爲個人只不過是社區的一部份而已。在馬克斯的心目中,亞洲的生產方式是由一個高高

---

❻ R.Stephen Warner,"The Methodology of Marx's Comparative Analysis of Modes of Production," p.51, in Vallice ed., *Comparative Methods in Sociology,* 1971.

在上的大帝國體系統治支配一大羣小而孤立以及類同的農村而組成的。這種生產方式裏面沒有土地的私有權，也沒有階級，因此它是靜態的生產方式。 皇帝在上擁有全國土地， 農人辛苦耕作將剩餘農產品上繳納稅；每一個農村皆是一個獨立的單位，與其他農村甚少來往。因此，社會很少發生變遷。只有當在上執政者推行經濟革命時，社會才會變。

2.**遠古的生產方式（Ancient）**──馬克斯指出西方早期的遠古社會跟亞洲社會最大的不同在於前者是動態的和充滿活力的。遠古的城市在基本上是由一羣地主爲了保護其土地與奴隸的擁有權而設立的。 因此，地主必須是居民之一， 也必須支持戰爭的負擔。爲了共同的利益，城市與城市之間常有聯盟的合作，抵禦外侮。雖然在這種城市裏也有商人與藝匠的活動，但他們並不成氣候，因爲城市的活動中心是環繞着奴隸的使用設計的，沒有什麼必要去發展工業。

3.**封建生產方式（Feudal）**──馬克斯相信封建社會是由一羣自力更生的農戶所組成。這些農戶以生產小規模的農作物與小工藝品來維持生活。他們也以剩餘的勞力與地主交換可耕作的土地。封建社會的組織團體則聚集地主們而成立，但他們比前面二種社會要來得個人主義些。不過馬克斯同時指出生產關係在此社會裏尚缺理性化。農人雖未擁有土地，但地主並不能隨意攫取或轉租他人。商業性交易開始出現：交換商品和勞力。金錢逐漸成爲交易的中介工具。地主要求農人付款代租，農人只好出售農產品以換取金錢。 在這種情況下， 農村的自主性逐漸消失，更依賴城市。

4.**現代資本生產方式（Modern Bourgeois）**── 馬克斯認爲現代資本生產方式與前述三種社會最大的不同點有二： (1) 分工（the division of labor), (2) 交換價值的重要性 (the predominance of exchange value)。在從封建社會轉變到現代資本社會的過程中，城鄉分離了，工業與商業也分開了，而各種手藝之間也各自發展。這些分離導致商業的發達、金錢的使用，以及金錢財富的集中與累積，因而導致農村破產，農民更依賴市場和控制市場的商人，剝削因而滋生。財產關係的重新分配、分工，商品的生產是現代資本主義與前述三種社會最大的不同點。而且在資本主義社會裏，政府的角色已逐漸地消退，不如以往那麼重要。

從上面的介紹，我們可以看出來馬克斯用來比較社會的四項變數：(1) 財產，(2) 分工，(3) 政府角色，(4) 生產目的。社會對這些變數的不同安排乃導致不同社會結構與不同人際關係產生的原因。馬克斯的比較研究並不在於一個家庭、一個村落或一個城市對上述四項變數的安排，而是整個社會以及不同社會對上述四項變數的安排。經由這種比較研究，馬克斯提出了一個類似人類進化的階段過程，也對不同社會的結構重新加以解釋。他的比較方法基本上是由異而同，也就是以討論不同點着手，而提鍊出相同特徵。

從比較研究的觀點來看，馬克斯的理論同時兼顧了歷史法與比較社會法。他對驗證統計資料的興趣不大。他憑據他人的理論，去繁求簡，其自己的觀點重新解釋，描述多於求證。❼

綜觀十九世紀社會學者的比較理論，由孔德而至韋伯已具相當規模，其特點是對歷史性超社會的比較多於實地驗證。雖然涂爾幹用了些統計資料，理論仍多於調查。❽

---

❼ 參閱 Arthur L. Stinchcomb, *Theoretical Methods in Social History*. N.Y.:Academic Press, 1978,pp.7-13. Anthony Giddens, *Capitalism and Modern Social Theory*. Cambridge: Cambridge University Press, 1971.

❽ Wen-hui Tsai,"Emile Durkheim and Comparative Sociology," *Chinese Journal of Sociology*, No.2, Dec. 1972, pp.75-90.

第四章 當代社會學之比較理論

第一節 二十世紀比較研究範疇

從孔德創立社會學開始，十九世紀的社會學家如韋伯和涂爾幹等人皆有比較的觀念，他們的理論往往是建立在比較社會與比較歷史的基礎上。所以社會學早期的發展史有濃厚的比較色彩。但是當社會學在二十世紀傳到美國以後，早期的芝加哥學派 (the Chicago School of Sociology) 的重點是放在都市發展與都市問題的研究上。學者們如湯姆斯 (W. I. Thomas)、米德 (George H. Mead)、顧里 (Charles H. Cooley)、派克 (Robert E. Park) 等人皆未在比較研究上花過工夫；對大型長時期理論的建立亦未重視。芝加哥學派的貢獻是都市社會學和社會心理學方面。在二十世紀初期對比較研究曾涉及者大約只有梭羅孔 (P. A. Sorokin)，不過他的興趣較具歐洲色彩，較有歷史性的比較。❶

---

❶ 有關美國二十世紀初期社會學發展史，請參閱蔡文輝《社會學理論》，臺北：三民，民六八年。另外，Lewis A. Coser, "Sociological Theory From the Chicago Dominance to 1965", pp.145–160 in Alex Inkeles, James Coloman, & Neil J. Smelser (eds.), *Annual Review of Sociology*. Palo Alto, CA.: Annual Reviews, Inc., 1976.

　　當然，在一九三〇年代一直到一九六〇年代初期，比較社會學在美國未能普受重視的原因之一是派深思學派的盛行。派深思既然強調社會體系內部的協調和整合，其研究重心自然而然以美國社會爲對象。尤其在那一段時期內，美國又是全世界最強的國家，國內問題也不嚴重，是一段國泰民安的昇平時期。美國學者只重視美國社會的研究，因此也不應該太責之過深。更何況美國地理位置孤立，美洲與亞歐兩大文明相隔遙遠，美國學者們閉關自守、夜郎自大的心態更是普遍，因此對其他社會的研究興趣不大。再另一方面來看，美國自立國以來也不過是兩百多年，歷史短且少文化接觸。因此學術界普遍缺少歷史觀。這一段時期的比較社會學者眞的是少得可以屈指可數。

　　雖然，在二次大戰前後，由於美國的介入，使得美國政府和民間開始體認到瞭解其他國家和文化的需要。尤其是太平洋方面的戰爭，更是美國學術界與政府官員一無所知的處女地帶。因此，由軍方或政府資助的研究活動稍有增加。不過，這些研究絕大多數是人類學方面的探討。在社會學方面，則有少數幾位因親身參與太平洋戰爭的機會而撰寫有關中國或日本社會的比較性著作。不過，這種比較研究的興趣在一九五〇年代因韓戰的停火而轉趨沉靜。

　　也許，我們可以說一九六〇年代至一九七〇年代的越戰才是讓美國人大開眼界的一場戰爭。這場戰爭在美國國內引起了無數巨大的震撼。不僅是掀起了年靑人的反越戰運動，而且也讓上層的美國人士首次體驗到戰爭失敗的苦味。再加上日本的高度經濟發展和亞洲四條小龍的經濟奇蹟，乃逼使美國學術界不得不走向比較社會學的方向。他們試圖去瞭解：「爲什麼美國贏不了越戰？」「爲什麼日本能超越美國？」「爲什麼亞洲四條小龍能製造經濟奇蹟？」等問題。

　　越戰的失敗和日本經濟的迎頭趕上使得美國社會學界開始注意到亞

洲的比較研究。 但是他們對拉丁美洲的興趣則是受美國外交政策 的 影響。美國跨國公司 (multinational corporations) 在拉丁美洲有鉅額的資金，對當地的經濟與政治具有舉足輕重的能力。拉丁美洲政局之緊張與不穩定，有一大部份與美國跨國公司的利益直接有關。美國政府為了保護跨國公司的利益亦常直接或間接的干預拉丁美洲的政情，甚至於設計軍事政變。社會學發展理論的依賴理論（ dependency theory ）就是拉丁美洲學者對美國資本家反抗的一種理論。在美國學術界，這種被壓迫民族的呼喚獲得不少的廻響。何況，美國知識份子一直是反對政府的拉丁美洲外交政策的。因此，對拉丁美洲的研究也逐漸受重視。尤其是年青的一輩更是藉拉丁美洲的研究來批判政府。

　　美國的文化基本上並不是一個有長遠利益眼光的文化。人們所追求的是近利。 超社會的研究和歷史性的研究需要較長的時間與精力。 因此，難受年青學者的注意。但是近年來, 由於世界性統計資料的相繼整理出版, 聯合國的統計資料和世界銀行的《世界發展報告》(World Development Report) 皆搜羅相當可靠的資料 。 學者們往往不需自己花費時間精力去做實地調查，可依靠這類二手資料來做數量上的分析。再加以近年來電腦之普遍使用，更使得做研究者可以在短時間內做出相當複雜的統計分析。❷

　　跟這原因類似的一個理由是社會學統計方法近年來已呈一種停滯不前的境界， 無法產生突破來給社會研究提供更可靠和更科學的分 析 方

---

❷ 這本《世界發展報告》(World Development Report) 是世界銀行（
　　World Bank ） 本身所搜集資料與世界各國政府提供資料編輯而成，
　　每年一冊，在比較經濟社會發展研究裏常被引用。由世界銀行和紐約的
　　Cambridge University Press 共同發行。從 1987 年開始，所有
　　統計表亦已轉錄在個人電腦磁碟裏，使用起來更為方便。

法。因此，學者們只好以資料的性質來取勝，以超社會的比較資料來補充美國社會學研究方法論上之不足。

如果說美國社會學在最近十年間有什麼大成就的話，絕不是社會統計方法的突破，也不是理論大師的獨霸局面。大的成就應該是對歷史比較社會學的重新發現。尤其從事歷史社會研究者大多數是已成名的社會學大師，如派深思（Talcott Parsons）、艾森斯達特（S. N. Eisenstadt）、斯美舍（Neil J. Smelser）、華勒斯坦（Immanuel Wallerstein）、邊廸克（Reinhard Bendix）等人。因此，他們在理論上的貢獻遠較實地調查法之比較研究者之貢獻深遠而廣大。這羣學者的興趣正代表着目前的比較研究。

第二節 派深思的比較進化論

在當代社會學理論裏，功能理論常被指爲是靜態的和保守的理論，而其代表人物派深思（Talcott Parsons）的理論因此亦常爲人攻擊成一種象牙塔裏的理論。在派深思一生當中，他所受攻擊最多的乃是他的理論忽視了社會變遷的存在與其動態性。這個攻擊主要地是來自德國社會學家達倫道夫（Ralf Dahrendorf）爲首的衝突學派（Conflict theory）。攻擊派深思的學者說他把社會體系看做是均衡不變的。因此無法用以解釋社會變遷的特質與過程。

其實派深思雖然強調均衡（equilibrium）的概念，但是事實上他並未完全忽略變遷的討論。他在早期的著作中就曾提到：「一個好的理論應該能同時應用在解釋穩定體系內的過程與變遷的問題。」派深思也從未說過社會永遠是均衡的。他只說社會總是朝着均衡的方向走。換句話說，均衡是社會秩序安排的目標，而非既有的境界。

從另一個角度來看，派深思的均衡的理想與馬克斯的共產主義出現的理想在架構上是很類似的。因爲馬克斯的終極社會是一種沒有階級鬪爭，沒有資產階級剝削無產階級的社會，也就是一種無紛爭和無困擾的穩定社會。共產社會和均衡社會兩者的特徵是一致的。只不過馬克斯相信以鬪爭來達到這目標；派深思則認爲可以由人們的共同意識中達到這目標。因此，硬說派深思不談社會變遷是不公平的。

派深思對社會變遷的討論早期是着重於社會體系內的變遷(change within social systems)，把變遷看做是一種緩慢漸進的調整過程。他認爲一個社會如果想要達到均衡，則必須對體系內的變遷加以適當的調整與控制。基本上，派深思是以緊張(strains)這概念來解釋體系內部的失調。緊張乃是指任何能影響在正常規範下來往的二個或二個以上的單位的狀況。也就是說：任何足以影響到社會整體的因素卽是緊張。在人與人的互動裏，行爲準則常是因當事人對互動另一方的角色的瞭解而定的，卽所謂「角色期望」（role expectation）。社會角色是派深思互動理論的動作單位。他指出人與人之間的互動實際上是角色與角色間的互動。因此在互動的過程裏，角色期望的瞭解是相當重要的。此亦卽瞭解個人本身角色所賦有的權利義務；並預測對方角色的權利義務。

以角色期望爲出發點，派深思指出緊張的原因可能是因爲人們無法達到角色期望的要求。某些角色期望要求人們基於非感性的、擴散的、成就的原則下來與他人互動，然而這是人們很難完全做到的，因之產生緊張。另外一個原因則是角色本身的模糊不清。人們對某一角色期望的界限不清楚瞭解，常會無所適從，隨之產生緊張。另外一個原因則可能是個人同時扮演二個互相矛盾或衝突的角色而起。派深思指出緊張的結果常常會產生差異行爲（deviant behavior），需要有效的社會控制來加以校正，因而牽涉到社會體系內的變遷。

　　派深思在晚年全力在巨型社會變遷的比較進化理論的建立。有人說這是第二個派深思的重生。其實這只不過是他由體系內變遷的討論轉到體系間變遷 (changes of social systems) 討論的具體表現而已。他在一九六六年出版的《社會：進化與比較的觀點》(*Societies: Evolutionary and Comparative Perspective*) 和一九七一年出版的《現代社會體系》(*The System of Modern Societies*) 是上下二冊，是派深思社會變遷論的代表著作，也是派深思的比較理論的代表作。

　　承襲社會學發展史上的幾個大家的進化觀點，再融和其本人的功能理論，派深思對人類的進化史和現代社會體系的特徵重新做一解釋。他認為人類是有機世界的一部份，那麼把人類社會和文化用生命過程(life process）的比喻來分析是沒有什麼不對的。而且既然進化論的原則可應用在有機世界裏，進化論自然亦可應用在社會文化裏。因此，進化論裏所使用的一些基本概念：差異、選擇、適應、分化、整合等自可應用在社會的分析上。

　　派深思認為人類社會的進化 (societal evolution) 主要是一種適應能力的增強 (increasing adaptive capacity)。所謂「適應能力」乃指一個社會克服環境裏的種種困難而達到各種目標的能力。舉例來說：「適應能力」係指人類改變自然環境（以及派深思行動體系裏的那些環境）使之為人類所能利用的能力。適應能力的增加可能得自社會裏一種新結構的出現，也可能得自文化的傳播。

　　派深思認為社會文化的進化不是單一直線的，而是枝節型的。因為進化過程中的每一層次階段裏都含有很大的差異和不同的型態，同時，在某一階段和狀況下所產生的形態對下一階段的影響和貢獻並不一定是相同的。人類的社會進化大致上包括四個基本過程：分化 (differentiation), 適應力之升等 (adaptive upgrading), 容納(inclusion),

和價值的概念 (value generalization)。

　　一、分化是當一個體系或單位分解成二個或二個以上的單位或體系的過程。新的單位或體系的結構與功能跟原有的單位或體系有所不同，其適應能力亦較高。派深思指出：如果每一個新分化出來的單位的適應能力都比原有單位的高，那麼分化過程的結果就是一個更進化的社會體系；此種分化過程可見諸於當代的生產制度。生產的功能已由家庭制度裏分化出來，形成一個獨立的單位。宗教與政治的分離、科學與哲學的獨立等都是分化的結果。

　　二、適應力之升等是分化過程的結果。派深思指出分化過程的結果使社會單位的資源增加，束縛減少，其適應能力增高。他舉例說：經濟生產功能由家庭制度中分化出來的結果是使家庭專心照顧小孩，免受生產商業活動之困擾，同時使工廠的經濟生產更有效的發揮其功能。

　　三、容納的過程是將以個人地位背景為標準的傳統社會組織加以擴大，以容納各種各樣的人羣，以穩定社會之基礎。派深思相信一個社會如果能容納新的單位與結構，其基礎會更穩定，其效率也更增強。現代工業社會就是一個證明，其成員雖複雜，其效率卻比傳統社會強得多。

　　四、價值通則化是指社會對新分化出來的單位加以承認和肯定，亦即派深思所稱之合法化（legitimacy）。社會價值必須跟隨其他單位的進化而改變，如此衝突矛盾才能避免。社會進化之結果是否穩定持續，端賴於社會是否能發展出一套新的價值體系，承認並容納所有的新單位。

　　派深思這四個進化過程實際上也可以說是四個階段。人類克服環境之適應能力的增強是社會進化的最顯著特徵，由分化而適應力之升等，而容納新成分，再終至價值通則化以達成社會之整合與穩定。這四個過程與派深思早期所提出的AGIL息息相關。此即指適應（adaptation）、目的之獲取（goal attainment）、整合（integration），及模式之.
維護（latency, pattern maintenance）。

　　派深思相信人類社會的進化和有機世界的進化很類似：兩者的進化
過程都是由簡單而繁雜。因此在討論進化時，研究者必須要注重趨勢（
trend）的問題。在基本上，他認定社會是往上進步的；中等社會比初
民社會來得進步，高等社會則比中等社會進步。研究者在討論長期之
社會進行時不必計較瑣碎細節，而應將重點置於進化發展的主要模式（
main patterns），並發掘出那些有助於社會進化的必要條件（neces_
sary conditions）或突破（breakthroughs）。派深思並指出人類歷史
進化過程上有七個很重要的突破：階層制度（stratification system）
的出現、文化合法性（cultural legitimation）、語言文字（written
language）、權威的制度化（the institutionalization of the autho-
rity of office）、市場經濟的制度化（the institutionalization of
the market economy）、普遍性的法則（a generalized legal
order），及民主政體（democratic policy）。在這七項突破當中，語
言文字是使人類由初民社會進化到中等社會的一大突破；普遍性的法則
使人類由中等社會進化到高等社會階段。因為語言文字大大地增加了社
會與文化之間的基本分化，使文化的範圍與勢力大為擴張，同時文字還
可以用來穩定社會關係。由於法律是正式的、理性的及普遍性的，普遍
性的法則就將社會規範由政治與經濟利益中，以及個人特殊關係中解脫
出來。

　　派深思曾說在研究社會進化的觀點上　他是文化決定論者（cultural
determinist），而非社會決定論者（social determinist）。主要因為
他相信在長時期的人類進化過程裏，文化的改變雖是最緩慢的，然而它
卻是操縱和控制其他各個行動體系變遷的主要決定因素。派深思指出，

文化是一種具高度資訊，卻只需少量能源的體系，它更能節制那些需要多量能源，卻係低度資訊的體系。從他的行動體系來看，這個資訊控制的階層 (the cybernetic hierarchy of control) 包括文化體系、社會體系、人格體系、行為有機體系、物理有機體系，其控制程序是由上而下的。

從社會進化的角度來看；在初民社會的文化裏，針對下層（特別是法律）的普遍原則尚未構成；而在高等社會裏，文化已成為一種普遍的價值觀念，宗教已為藝術和科學所代替。

派深思進化論的單位是整體社會 (total society)。社會是社會體系的一種，它與其環境有高度的自給自足性，它是靠一羣模式規範的秩序(the patterned normative order)來維持的。社會社區 (societal community)則指在集體組織下擁有相同模式規範秩序的一羣人，它並不包括那些居住在同一社會，卻未被該社會認可容納的成員，例如奴隸等。

派深思的進化論有三個基本的中心假設：　1.人類社會的發展不是隨機的 (random)，而是有方向的（directional）。這方向是進化的。2.現代社會的來源只有一個。它是由西方社會體系進化而來的。3.現代社會都屬於一個體系，這個體系就是西方社會體系。社會與社會之間的差異並不代表着不同的體系，只表示在同體系裏每一社會所擔當的角色不同而已。

除此以外，派深思還強調二種不能忽略的社會；雖然乍看之下，這二社會似乎與進化的連續性並不相關。他們是：那些在社會文化自然淘汰過程中消除了的社會，例如以色列和古希臘，因為他們在其滅亡後仍對未來有所貢獻；以及那些隱藏在高等社會陰影下而未發展的初民社會，因為它們的特徵與我們自己史前先例很類似。

在這幾個大前提下，派深思綜合考古學、歷史學、人類學、社會學等之資料將人類社會文化之進化分為三個主要階段：初民社會 (primitive societies)、中等社會 (intermediate societies) 和高等社會 (advanced societies)。初民社會可分為二個階段：澳洲土著的初民社會 (primitive society of aboriginal Australia) 與高等初民社會 (advanced primitive societies)。中等社會也可分為二個階段：古老社會 (archaic societies) 與歷史帝國 (historic empires)。

派深思對人類社會文化進化的討論是由現代西方體系着手，然後按其特質用以比較，並安排其他非西方社會，以階段來區別之。派深思和早期的古典進化論在此種方法論上有所不同，因為後者總由最原始的階段往後期，往上等推演，將之視為一個過程。而派深思僅按各個社會與現代西方社會之間的差距而安排在高低不同的社會文化層次或階段上。每一層次或階段裏的社會都具有其特有的特徵。

茲將人類社會文化之進化的三個主要階段分別討論：

一、初民社會

派深思認為社會人類學已將初民社會做了很完整的研究，所以他只將這一類型社會的討論集中在二個問題上：1.初民社會的特徵是什麼？2.初民社會如何開始進步到下一階段？派深思指出社會階層的出現是這一階段的最重要特徵。它是由一羣有同等聲望、經濟資源、宗教信仰，及權勢的人（特別是親族團體上）所發展出來的。派深思特別提示，即使在這麼早期的進化階段裏，發展並非不可避免。一個初民社會可能保持着初民的原始，或分裂成幾個單位卻尚未產生社會階層。只有當社會成員的團結能足以克服社會分裂的離心力時，階層，而非分裂 (segmentation)，才會產生。換言之，只有社會的共同認知堅強得足以抗拒上下二層所帶來的分裂傾向時，階層才能產生。

初民社會有二個重要的特徵：

1.在所有行動裏宗敎的重要性：因爲宗敎給人們一種自我和團體的認同 (identity)，告訴人們「我是誰」。因此，在所有初民社會裏，宗敎活動非常活躍，宗敎制度亦是主要的社會制度。

2.親族關係的重要性：在初民社會裏，所有的社會組織都受親族結構的影響。宗敎所代表的形象都經由親族祖先崇拜而關聯起來。在這種情況下，超自然被認爲是社會的原始創造者，而社會的規範秩序也是由超自然所訂立的。在超自然的照撫下，祖先被認爲是不死的，且有超自然的能力。

在初民社會裏，社會、文化，人格尙未分化出來，其社會體系是簡單的，有些初民社會並無淸楚的領域或團體成員，形象交通 (symbolic communication) 與工藝技術 (technology) 也都是初級簡單的。

澳洲的原始社會可以說是初民社會的基本典型。此類原始社會的經濟方式是以狩獵和搜集的簡單方式；整個社會可以說是一個經由姻親及血緣組成的親族團體；其領域界限不淸楚，圖騰及神物緊附在親族之上；其階層制度尙未發展；其社會角色都是世襲的。

非洲的幾個王國（派深思所用的 African Kingdoms 一詞，事實上可以稱之爲部落）在各方面的發展比澳洲原始社會要較高一層，派深思稱之爲高等初民社會。例如尼羅河上流的西魯克 (the Shilluk)，蘇丹王國及朱魯（Zulu）王國等都是高等初民社會。在西魯克社會裏已具有永久性的宗敎及統治階級，政治組織已發展，階級制度已形成，政敎相等。在朱魯社會裏，政治高於宗敎，但需經宗敎之認定；政治形態已形成，具有中央領導力量之雛形，有軍隊組織、階層制度，以及有歷史可查。

二、中等社會

派深思把文字語言的使用視爲人類社會由初民社會進化到中等社會階段的一項最重要的突破。因爲文化語言的使用創造出一個特殊的團體：敎士團體。在初民社會裏，宗敎雖然重要，但是人與神的交通是經由圖騰和其他形象來聯絡。在中等社會裏，語言文字成了敎士團體的專利，用以解釋超自然神靈的意念，而後才慢慢推廣到整個上層社會階級的使用語言文字。前者發展在「古老社會」裏，後者則發生在「歷史帝國」裏。

在「古老社會」裏，一種宇宙性的宗敎開始出現。敎士們運用語言文字來將社會組織加以系統化並給予肯定與合理化。通常對於社會的源始是由敎士通過文字所記載的經典來加以解釋。因此，敎士成爲一個特殊的社會階級。社會的中心於是逐漸由親族轉移至廟堂。同時文字也漸被用來維護一個較大的行政組織，以管束並操縱整個社會。不過，政敎兩者之分化尙未清楚的發展出來。社會階層在每一個「古老社會」都包括三個階級。上層階級成員是指那些跟統治者的神格和跟政敎權勢的運用有關的人們，例如皇族宗親與敎士。中層階級的成員是由一羣實際執行操作日常政務的官員組成。下層階級是指農民、工匠及商人。

派深思所謂的「古老社會」是指古埃及（Ancient Egypt）和美索布達米亞社會（Mesopotamian societies）。古埃及代表着一種科層官僚制度的雛形，而美索布達米亞社會則已有自主的都市社區的出現。

在古埃及，文字語言是用來維持宗敎儀式和行政操作的。在政治上，國王就是神；官僚制度已出現，中央政權也已整合。在社會上，是三種階級的社會階層制度，定居的農業經濟，以及大量人力的集體運用。

在美索布達米亞社會裏，社會缺乏長期性的穩定。社會階層分三個階級，制度化的法律程序已建立，經濟已能自主，並有頻繁的貿易來往；社會與社會之間的接觸已具連續性；神聖和世俗之分化更是明顯。

中等社會的第二階段是「歷史帝國」社會。派深思指出「歷史帝國」跟「古老社會」的最大差別在於文字語言的普及性。在「歷史帝國」時期，文字語言已不再爲敎士所專利，它已擴展到整個上層階級。「歷史帝國」的社會均具有下列幾個特徵：

1.所有的歷史帝國都已發展出一個大規模的獨立政治組織，有整體的人口及領土，但在穩定和保護其政治獨立上它們的有效程度卻不一樣；

2.除了中國之外，其他的歷史帝國都已發展出一個世界性的宗敎；

3.它們都是哲學突破 (philosophic breakthrough) 的承繼者，因爲在組織形象上，他們都具高度的文化革新，而且也較具普遍性；

4.在基本上，它們的社會階層是二個階級；

5.文字語言屬於上層階級的特權。

單獨來說，中國的社會是較接近中等社會裏第一期的「古老社會」形態。因爲中國的儒家文化牢牢的控制了社會制度和結構，統治階級的地位也是由文化來界定的；官僚制度成爲宇宙與人類之間儀式的實際執行者。換言之，文化和社會體系的分化程度不高。派深思指出中國社會雖然有不少的成就，但是它有二個重要的缺陷：1.法律程序和內容是非理性的；2.沒有健全的貨幣制度，也沒有法律能用以確定經濟活動。在這些限制下，中國社會未能往前邁進，一直停留在中等社會的階段裏。

印度也是中等社會之一，但它跟中國的最大差異在於其文化和社會的分化太清楚，以致社會制度無法有所改變。婆羅門敎義使人們遠離世俗而隱世，與世隔絕。印度的宗敎太重視個人之隱世修身，而忽略了集

體組織的角色問題。印度也是一個兩階級的社會階層制度，其上層階級
是由戰士、貴族、敎士、地主和商人所組成的，下層階級則包括農民、
僕人，被排斥於文化（宗敎）之外的人。總而言之，印度社會是一嚴密
封閉的階層體系，其宗敎並不視個人爲社會裏的一分子，就因這些因
素，印度社會未能往前進化。

　　波斯帝國和羅馬帝國也是二個中等社會裏的歷史帝國。在波斯帝國
裏，社會階層主要分爲信仰阿拉的回敎徒與不信仰的非敎徒。國家是一
個政治社區，同時也是一個宗敎社區，回敎敎義驅使其信徒不斷地向外
擴張，法律卻未能隨領土的擴張同樣伸展。因此，宗敎、法律、政治領
域之間的連繫不起來，步調失和。

　　羅馬帝國的社會裏，每一個男性成年人都是公民，享有同等的地
位。羅馬有民選的官員、元老院與議會，羅馬的法律造成並維持了一個
相當有效率的行政組織。雖然在羅馬帝國所占領的地域上，法律的施行
是一致的，但是它未能發展出一個動態的宗敎體系用以認可並肯定此新
擴張的領域。

　　換言之，在波斯帝國的問題是宗敎擴展得太快，法律跟不上；在羅
馬帝國的問題則是政治法律伸張得太快，而宗敎的發展卻跟不上。爲
此，這二個社會未能進化到現代社會的階段裏。

三、高等社會

　　派深思所謂的高等社會就是現代的西方社會，包括歐洲及美國，他
所指的現代社會體系也就是這個西方社會體系。當今世界上只有一個社
會體系，這個體系雖然源始於歐洲，但已擴散到整個世界。雖然國家與
國家之間仍有差異，然而這些差異並不代表着不同的體系，僅僅代表着
各個社會在這個體系裏所扮演的不同角色而已。更重要的是當今每一個

社會都將逐漸的享有更多的共同思想和價值。

　　派深思指出現今的社會體系有兩個苗圃：以色列及希臘。因為這兩個社會的特質是在其社會毀滅後的幾千年產生了影響力。以色列的猶太教與後來的基督教息息相關，而基督教倫理正是西方現代社會的精神中心。以色列的社會顯示幾個重要特點：1.它的宗教是一種普遍性的一神論；2.律法已出現；3.社區認同的體認已確定；4.政治與文化（宗教）開始分化；5.強調個人之宗教解釋，造成語言文字廣泛的傳播。

　　希臘社會的貢獻在於民俗文化的發展，它強調公民權的平等，它的社會組成單位是羣體城邦；各城邦皆有其自主性，就因之而產生一種國際性的秩序以維繫城邦間的往來。希臘社會更允許政治多元性的存在。換言之，文化與社會的分化相當清楚。

　　以色列和希臘二個苗圃為未來的西方現代社會體系提供了兩種要素：基督教倫理與民主政治。在中古歐洲社會裏，雖然經歷無數的戰爭和分裂，但是基督教的教義卻把歐洲的世俗社會聯結成一體，這情況在宗教改革和文藝復興時期後更為明顯。因為宗教改革後，基督新教的信徒們變成一種自願性的結社（associations），它與種族、地域、國籍、親族等團體彼此相互重疊而非相互排斥。其信徒多數來自都市，因此較不受傳統的約束。而且，宗教的科層制度（bureaucracy）在歐洲的組織結構上有着深遠的影響。文藝復興運動則把世俗由宗教中分化出來，再加入新成分。它不僅是革新也是綜合。因此，這不僅是分化，也是整合的過程。

　　派深思認為現代社會體系的產生始於十七世紀所發展出的一種社會社區意識，尤其是那社會上合法的宗教成分，而非始於後來十八世紀裏的民主運動和工業化。

　　派深思認為神聖羅馬帝國的分裂造成了各地領土自主政府的開始產

生。再加上宗教的改革運動增長了十七世紀歐洲危機的爆發。世俗文化逐漸代替了宗教文化; 世俗文化和基督新教較爲意味相投, 此種運動由十七世紀的英國和荷蘭散播到法國及德國。雖然以宗教來肯定世俗社會的合法仍然存在, 但是政府的權勢已不再用來扶持宗教。

英國、荷蘭及法國是派深思所認爲現代化開始最早的幾個國家。不僅因爲在這些社會裏有幾項重要的發展, 同時它們對國家的整合具有重大的貢獻。尤其在英國, 宗教與社會的分化非常明確清楚, 對未來的國家認知 (national identity) 提供了一個基石。英國在宗教、政治、經濟、社會等各方面的分化程度已相當高等。其法律的革新偏重於國家社區結構的組織團體之潛在性, 而非其官僚制度。這些組織團體與市場經濟的發展有相當的關連。宗教的容忍程度增加, 議會與君主權力相等, 行政與立法機構分化等等都有助於未來民主化的實施推行。

派深思認爲在十七世紀時期, 英國的社會進化過程可圖表如下:

宗教容忍──→宗教多元化──→產生一種超出

宗教的價值觀念──→新的社會整合。

超出宗教的價值觀念的產生以及繼而發展出的新社會整合就是英國之所以比其他國家先邁入現代化的主要原因。換言之, 英國當時已有了價值通則化的分化過程, 其價值普遍得足以適於每一個教派, 同時一種新的世界的理性知識的價值也隨之出現。

在英國政治上, 議員成爲社區裏具有影響力的份子, 而法律也將公民權力與國王權力分界得清楚。在經濟上, 農業的商業化使農村與城鎮平行發展, 市場經濟高度發展, 以及強調科學之研究。

派深思強調這個英國式的社會社區的出現才是現代西方社會之啓端。至於十八世紀的工業革命與民主革命的出現只不過將現代化往前再推進一步。工業化的結果增強了經濟生產和增長了人類的適應能力, 而民主革命則代表一種社會的新的整合力量。

　　如將工業革命分階段，那麼英國代表着工業革命的第一期，德國則代表它的第二期。工業革命發展的要件是市場體系之擴張及社會結構裏經濟部門的分化。金融市場的興起，便捷的交通運輸工具、工藝技術的發展等都跟生產過程的社會組織有密切的關係（例如：勞工的流動，生產由家庭中分化出來，現代核心家庭之出現，都市化的出現等等）。在這工業化過程中，尚有職業角色（occupational roles）的建立，資本與勞工兩階級的衝突，以及自由企業體系與政府之間的互賴程度之增長等等特徵。

　　法國的民主革命把政治由社會社區裏分化出來，它承認也強調人與人之間的平等（equality）。這種平等不僅賦予個人，而且也賦予個人的政治權力上：投票。這造成了正式的選舉過程和選票的保密。政府與人民成為相對待的兩個實體。

　　歐洲十八世紀的工業革命使經濟體系為之分化，民主革命則將政治體系由社會裏分化出來。社會既有了分化，就必須重新加以整合，為此更有必要產生一種新的整合力量。而這新的整合力量的特質包括：1.公民權的擴增；2.法律的通則化；3.市場體系之建立；4.官僚組織之運用；5.社會團體之出現。在這些特質當中公民權（citizenship）的擴增是派深思認為最值得一提的，因為公民權的增長有三個直接的重要後果：

　　1.創造出一個重新界定社會與政府間關係的法律架構；

　　2.鼓勵人民參與公共事務；

　　3.社會福利制度之建立。

　　總而言之，現代社會體系源自西歐，尤其是首先在十七世紀的英國及荷蘭產生的一種社會社區意識，使文化和社會的分化更為清楚。緊接着十八世紀的英國及德國的工業革命和法國的民主革命相繼出現，乃使西方社會體系進化成最現代化及最優秀的社會體系。當這個社會體系傳播到美國後，更加發揚光大，在二十世紀裏，它更成爲其他亞非國家所模倣的社會體系。❸

第三節　當代歷史社會學之比較理論

毫無疑問地，派深思在當代美國社會學界曾經有過相當大的影響。不過，他的功能論仍然過份重視均衡與整合而忽略巨型的變遷。他的進化論正是他晚年的努力。除了派深思之外，比較社會學的歷史學派在理論的貢獻上，也有幾位具有相當的影響力。他們的影響似乎比數量驗證比較社會學者要顯著得多。在這一節，我們將介紹幾位主要代表學者之理論與方法。

（一）斯美舍、邊廸克　在當代的比較社會史學者當中，斯美舍（Neil J. Smelser）和邊廸克（Reinhard Bendix）兩位學者皆有相當可觀的成就。斯美舍是功能學派主要人物之一，也是派深思得意門徒之一。他的研究興趣集中於現代化過程的理論建立，也是少數對社會變遷有深刻研究的功能學者之一。他的主要代表著作是《工業革命裏之社會

---

❸　本節主要取材自蔡文輝　《行動理論的奠基者：派深思》。臺北：允晨。民七一年，頁 113-154。 派深思的兩本著作是 *Societies: Evolutionary and Comparative Perspectives* (1966) 與 *The System of Modern Societies* (1971) 兩本皆由 Prentice-Hall 出版。他對這兩本書撰寫的過程與興趣則刊載在他的另外一篇文章："Comparative Studies and Evolutionary Change," in Ivan Vallier (ed.), *Comparative Methods in Sociology.* Berkeley: University of California Press, 1971, pp.97-139.

變遷》(*Social change in the Industrial Revolution*)。邊迪克則是派深思的評判者，他代表德國古典社會學，精通韋伯理論，也一直不同意派深思對韋伯理論的解釋。他在比較政治和比較階層的研究和理論有深遠的貢獻。這方面的主要代表著作是《工業界之工作與權威》(*Work and Authority in Industry*)。在這一節裏，我們將討論斯美舍對工業革命社會變遷的解釋與邊迪克對工業界工作與權威的解釋來說明他們的比較歷史社會觀點。

斯美舍根據功能理論的看法，把工業革命裏的社會變遷視為一種分化的過程。他認為工業革命裏之棉布的生產的不同部門必須要有不同的行為規範來節制。用機器來生產棉布就必須用有技術的、有訓練的以及有合理薪資的工人來做。因此，一種新的行為規範與酬賞體系乃產生。斯美舍認為如果仍在家裏製造棉布會影響生產系統。工業革命乃造成了一種新的社會制度：不同的規範管制不同的生產活動。例如：家庭負責工人的福利、工廠負責生產的供銷問題，而銀行則專注資金成本的計算問題。為了適應這些新的分化問題，人們的行為不得不有所改變，新的道德標準亦因而產生。

斯美舍對社會分化和新規範的出現，大約持有下面幾點理論上的步驟：

(1) 人們必須對現有的制度有不滿的意念。

(2) 人們必須知道如何去改進這情況。

(3) 必須要有足夠的財力與資源來推行改進計劃。

(4) 設立負有特殊功能的社會組織來執行。

(5) 除舊佈新的慾望與能力。

正如斯美舍對集體行為 (collective behavior) 理論所提出的六個步驟，上面這五個步驟也是累積價值 (value-added) 式的，亦卽後一階段的出現是建立在前一階段上; 如果沒有前一階段就不會有後一階段。舉例來說: 如果沒有 (2): 知道改進的方法, 就不會有 (3) 用財力與資源去設法解決。而且斯美舍相信上面這五個步驟裏, 每一步驟皆必須有不同的社會規範與道德標準來配合。因為, 每一步驟的出現代表着一個體系受到干擾 (disturbance)。

史汀基坎布 (Arthur L. Stinchcombe) 在討論斯美舍的方法論時指出下列三種歷史分析法:

(1) 理想次序之比較 (ideal sequence comparison): 認為歷史的發展是有前後次序的。歷史的背景與當時的環境的限制產生其特有的社會規範與次序。因此, 在做比較研究時可用以比較不同歷史次序的不同狀況。

(2) 比較角色的歷史 (comparative histories of roles): 把重點放在不同歷史發展時期內不同角色的改變。以因果關係來分析不同變數 (variables) 的轉變。

(3) 功能的比較(functional comparison): 比較社會變遷前後社會功能的改變。從功能的完整性來分析功能的轉換與抵值性。

不過, 史汀基坎布指出: 斯美舍的比較歷史研究法在理論建造上是

---

❹ 討論斯美舍與邊廸克之比較方法主要參考自下面幾篇論文: Arthur L. Stinchcombe, "Functional Analysis of Class Relations in Smelser and Bendix," pp.77-114 in Arthur L. Stinchcombe, *Theoretical Methods in Social History*. N.Y.: Academic Press, 1978 與 Dietrich Rueschemeyer, "Theoretical Generalization and Historical Particularity in the Comparative Sociology of Reinhard Bendix," pp.129-169 in Theda Skocpol (ed.), *Vision and Method in Historical Sociology*. N.Y.: Cambridge University Press, 1984.

成功的，但是在尋求歷史資料支持其理論時卻是失敗的。

　　邊迪克在《工業界之工作與權威》研究裏的主要論題是勞工關係裏多元性 (pluralistic) 的歷史根據。事實上這主題與邊迪克對政治自由的歷史研究息息相關。他對幾個主要的工業國家的勞工關係曾做比較分析。邊迪克指出在這些國家裏的資本家在擴張其本身利益時必須獲得其他社會團體的支持。因此，資本家必然要想辦法討好勞工或者控制勞工以達到其目的。各個工業國家對這問題的不同處理方式正可表現其等次之不同。

　　邊迪克相信意識 (ideology) 型態影響了勞資兩方的互動方式。有些意識型態十分適合於現代大型的工業組織，有些則適於小型的組織；當然，也有些是在所有的工業組織裏皆可發現的。歷史前例的比較研究可以提供我們這方面的資料證據。承襲韋伯對西方資本主義的興起的理論，邊迪克認為意識型態的發展是用來支持或控制社會。工業革命的產生將傳統社會裏農人的低等地位和聽命他人的社會權威方式摧毀了，但是工業革命並未為新創製的工人階級加以肯定，他們成為一種似有似無的階級。資本家如何處理和對待這一羣勞工乃成為工業發展中國家的一大問題。

　　邊迪克的比較研究着重點是當代工業社會的跨國比較，歷史的比較並非是歷史時期發展的比較，而是不同社會在同一歷史時期的比較。這一點跟斯美舍不同。後者的興趣大致上是一個國家的歷史社會的時間性比較，從英國的工業革命到俄國的革命是斯美舍的興趣，邊迪克則做跨國文化的歷史比較。

　　(二)艾森斯達特 (S. N. Eisenstadt)　　艾森斯達特是以色列的一位著名社會學者。他在比較歷史社會學與理論上的貢獻相當突出。他對比較歷史社會學的興趣可能來自他猶太民族的歷史觀以及他對以色列建國奮鬪的一份知識份子的熱誠。因此，他對歷史上的大帝國的政治體系的比較與政府（特別是政治菁英）在開發過程中所擔任的角色問題有相當深刻的分析。他的理論思想與功能理論很接近，也偏向派深思的觀點。

艾森斯達特在一九六三年出版的《帝國政治體系》(*The Political Systems of Empires*) 是「巨型比較歷史社會學」(macrocomparative historical sociology) 的開創者。雖然在此之前，邊迪克和斯美舍的歷史社會學著作已出版問世，但是無論在理論架構或歷史資料的引證上，他們皆無法與艾森斯達特相比擬。根據漢米頓 (Gary G. Hamilton) 的看法，《帝國政治體系》為後來派深思的比較社會進化論、默爾 (B. Moore) 的專制與民主的社會源始論、華勒斯坦 (Immanel Wallerstein) 的世界體系論等催生。社會學家羅斯 (Guenther Roth) 和政治學家 Gabriel Almond 則稱讚艾森斯達特這本《帝國政治體系》是繼韋伯之後最成功的歷史社會學研究，❺可見其貢獻之鉅。

漢米頓認為艾森斯達特在帝國的政治體系所用的研究方法是一種「聚叢分析法」(Configurational analysis)，係將歷史上自然發生事件的特質加以描述與分析。這分析法大致上可以包括三個步驟：

第一步驟是先加以分類 (classification)，將看起來類似而實際上卻相異的歷史事件加以分門別類。艾森斯達特認為一般人對歷史的瞭解太膚淺，以至於造成誤解。歷史是相當複雜的。因此，只有適當的運用比較方法才能加以正確的描述。如果我們能把歷史事件及其特質加以適

---

❺ 本段參考自: Gary G. Hamilton, "Configurations in History: The Historical Sociology of S.N. Eisenstadt," pp.85-128 in Theda Skocpol 前引書。

當地歸類，我們就可以做正確的比較。在他的《帝國政治體系》裏，他將世界上的政治體系加以歸類並做比較。首先他指出政治體系是每一個社會裏的基本組織之一；然後他進一步指出：政治體系之所以有所不同乃是因爲環境的不同所致，而且如果政治體系若欲延續下去，就必須適應這些不同的環境。根據這二個基本假設，他提出四項觀點：(1) 所有的政治活動都是環繞着角色 (role) 的活動，但是角色的性質則依社會之不同而有所差異；(2)所有的政治活動皆呈制度化(institutionalized)，但制度化的程度與特質則依社會之不同而相差；(3) 所有的政治體系皆有其各自的目標，但目標可能因其服務的對象之不同與社會團體參與之不同而有所差異；(4) 所有的政制體系皆試圖合法（legitimate）其所擁有的權威，但其合法化的類型則因其領袖與控制方式之不同而有差異。

艾森斯達特依據上述觀點假設將歷史政治體系加以分類，然後將注意力集中在其中之一種：「中央集權的歷史官僚式帝國」(centralized historical bureaucratic empires)。在他其他有關革命、社會變遷及社會制度的比較研究裏，類似的分類法亦處處可見。歷史是相當複雜的，因此必須加以分類，而比較方法正是分類的手段之一。

第二步驟是將歷史事件型態之內涵加以分析，以求達到理論建造的目的。艾森斯達特認爲歷史必須先分類才能找出其通則性而達到理論建立的目的。只有當人們知道歷史是怎麼一回事，他才能解釋歷史。在《帝國政治體系》裏，他開宗明義地宣稱：該研究的主要目的是一種在不同社會裏存在的類似政治體系的比較研究，並試圖從這種政治體系的結構和發展尋求出原理原則。

艾森斯達特提出二個有關「中央集權的歷史官僚式帝國」的理論假設。第一個假設是：此種官僚帝國之產生的一個必要產生條件是在於統治者的野心與活躍，使政治體系自別於社會內其他體系。第二個假設則提出二個必要條件用以支持與延續此種帝國。一個必要條件是社會內的分化必須達到足夠提倡特殊活動與功能的程度；另外一個必要條件是領袖人物必須有充分和彈性的人力、精力以及意識型態供其運用。政治體系內的分化過程的分析就成爲驗證上述這些理論假設的方法。

第三個步驟是詮釋歷史。這是將理論所含蓋的個別案件加以詮釋。這一步驟是艾森斯達特最弱的一部份。他的注意力過份集中於理論的建立而在歷史個案的資料尋求上未能用心。在帝國的政治體系裏，他雖然談到中國、巴勒斯坦拜占庭帝國、西班牙帝國等，但資料只用來間接說明其理論，而且非常簡短與粗淺。

總而言之，艾森斯達特的歷史社會學的興趣並非眞正在於歷史的事件，而是歷史事件裏的行爲角色。他的兩個理論假設也是以個人（領袖）角色與制度的分化爲出發點的。從這種角度來看他的著作，其社會學的理論重於歷史學的色彩。不過也正因爲這濃厚的社會學理論色彩，他的歷史詮釋有時就有言過其實與誇張的缺陷。在目前功能理論已失去其原有的影響力，而其辭彙在這不爲人所接受的時代裏，他的理論就有空虛抽象的感覺。

（三）默爾（Barrington Moore）之比較歷史社會學 默爾的比較歷史社會研究走的方向與上述幾位學者所走的方向不同❻。前面所提的幾位所遵循的理論方向是純社會學的，派深思、斯美舍、艾森斯達特等三人不僅有濃厚的功能理論色彩，而且也多少含有進化論的成份；邊廸克則是承繼韋伯的深厚傳統。默爾走的卻是馬克斯理論方向。這多多少少

---

❻ 本段參考自: Dennis Smith, "Discovering Facts and Values: The Historical Sociology of Barrington Moore," pp.313-355 in Theda Skocpol 前引書。

跟他早期對蘇俄的研究有直接關聯。他的主要貢獻還是那本一九六六年出版的《獨裁與民主的社會源始》(Social Origins of Dictatorship and Democracy)。

　　默爾的主要興趣在於解釋邁向現代世界路程中的歷史變遷代價與類似性。從蘇聯的政治一直到現代化過程，他研究的主要方法大致上有兩種：第一種方法是將特殊的個案予以詳細的驗證分析，希冀尋求所有的證據來說明因果關係的串聯。第二種方法是比較分析法，從不同社會尋求資料來發展通則性的理論。他所使用的比較分析法大致上牽涉到三種策略：(1) 從不同社會搜集得的調查資料來說明人類天性與道德標準；(2) 以比較方法爲手段來證明或推翻普遍性理論裏的特殊個案；以比較方法來討論一個社會體系裏或社會過程中的特定型態及其變異。

　　從上述比較方法的運用，默爾認爲政治團體或軍隊在控制或統御政權上可以分爲三類，各有其獨特性質與問題。它們是：封建主義，理性官僚主義，極權主義。封建主義（feudalism）是不允許由上而下的權力指揮方式；極權主義（totalitarianism）則必須有嚴格的規律以及下屬對上司的完全遵從；理性官僚主義（rational bureaucracy）則將封建主義摧毀，但卻製造出另一種僵化的制度。默爾指出上述三種政權的運用並不代表歷史上的三個階段，卻是結構上的替代品。

　　默爾認爲比較研究可以對歷史理論加以反證，而導致新的理論。不過他也同時提醒讀者，他無意用比較方法來代替歷史事件的詳細分析。因此，詳細個案分析與比較分析同樣重要。單是詳細瞭解某一個歷史事件並不能幫助我們預測未來，而比較研究亦不能幫我們瞭解一個歷史事件的細節。不過如果我們能夠把一連串的個別案件串聯起來加以比較的話，則類似的現象可能在類似的環境裏出現。幫助我們預測未來。

　　默爾的《獨裁與民主的社會源始》是一本相當具野心的著作。他比較分析了英國、法國、美國、日本、中國以及印度等六國的政治變遷，試圖發展出一套可行的因果關係理論解說。他的重點是由農業政治發展到都市化和工業化國家的過程，尤其是上層社會份子與農民在這轉變過程中所擔負的角色。不過他對中國社會及共產政權的興起謬誤之處甚多，而且亦牽強得可笑。

(四)華勒斯坦 (Immanuel Wallerstein)　在當代美國社會學家當中能夠樹立門派而獨成一家的，爲數不多。尤其是以歷史社會學理論來創建門派的則更是少而又少。華勒斯坦的世界體系 (world system) 論可算是異數。❼

華勒斯坦在一九六〇年代是專攻非洲國家的，也做過學潮的研究，但他真正的成名則是一九七四年出版的《現代世界體系：資本主義農業與十六世紀的歐洲世界經濟的源始》(*The Modern World-System: Capitalist Agriculture and the Origins of the European World Economy in the Sixteenth Century*)。在此著作裏，他試圖爲十五至十七世紀的歐洲經濟與社會的擴張做一新的巨型綜合理論。他認爲十五世紀末葉的歐洲小型工業與組織在此時期轉變成西方對非西方邊陲地區剝削的工具與手段。邊陲地區 (peripheral areas) 主要是資源出產與出口地區，最早是東歐，而至南美洲，在當時他們都受西方國家的軍事與經濟優勢所擺佈。邊陲地區的資源使得西方中心國家(core areas)的資本主義得以擴張。但卻造成邊陲地區之更貧困，更無法發展進步。

華勒斯坦的理論很有馬克斯理論的色彩，資本主義核心國家 (capitalist core) 是剝削者，就像馬克斯的資產階級；邊陲地區正像無產

❼ 本段參考自 Charles Ragin and Daniel Chirot, "The World System of Immanuel Wallerstein: Sociology and Politics as History," pp.276-312 in Theda Skocpol 前引書。

階級，是受剝削者。因此，照他理論來推演，一個社會的變遷並不完全操諸於自己內部的改變，而是受整個世界局勢的影響的。資本主義的財富並非依賴其內部的資源，是建立在對邊陲地區的剝削上。因此，將來的社會主義革命必然要發生在邊陲地區裏。

華勒斯坦把世界體系看做是一個單元的系統，由數個政體所共同組成。因此，資本家可以在體系內自由恣意的剝削邊陲地區，造成地區間經濟的不均等，以維持核心國家的利益，並進而造成地區間的政治不均等。夾在核心國家與邊陲地區者是一種半邊陲地區 (semi-peripheral areas)，它一方面受核心國家的剝削，可是另一方面卻反過去剝削邊陲地區。

華勒斯坦的比較歷史方法觀點與一九六○年代盛行的發展理論（developmental theory）或現代化理論（modernization theory）不同。此兩者認為歷史變遷或社會變遷皆來自內部的改變，而且只要有心現代化，目前落後的國家總有一天會有收穫，成為現代化國家的一份子。華勒斯坦的理論則注重外來因素 (external factors)，強調一個國家的社會和經濟發展是受外來因素的限制，已發展成功的西方核心國家就成為其他非西方落後國家的主宰者。因此，非西方國家現代化的努力並不一定就會有收穫，這完全要看核心資本主義西方國家的臉色。文化在華勒斯坦理論裏並非重要的發展因素。

因此，華勒斯坦的最大貢獻並不僅僅是他所提出的世界體系的單元論，而且是他的觀點提醒了社會學者及其他研究變遷的社會科學家把眼光從一個社會內部的變遷轉到社會外來因素的交互作用。也因此，社會科學界不應該有界限。他對邊陲地區與核心國家的分析也給其他的社會科學家一種提示：那就是，社會科學研究不能關著門在象牙塔裏埋頭去做，一定要把周遭的世界局勢也包括在內。

　　我們在討論現代化理論時將再詳細介紹華勒斯坦的世界體系論。因為這理論在臺灣社會科學界有其相當的地位與影響。

第五章 比較社會制度

社會制度是指社會裏爲滿足社會的需求與功能而發展出的一套相互關聯的社會角色與規範。社會裏的社會制度告訴人們如何去做一件事或表達其行爲思想。我們的社會對吃飯有吃飯的規矩，待人接物亦有其社會所認可的方式，這些等等皆是社會制度的一部份。社會制度因此可以說是社會的基石。沒有社會制度就沒有社會，這是相當明顯的事實。❶

社會學家對社會制度的研究從孔德一直到當代的社會學研究從未間斷過。這些制度包括政治制度、家庭與婚姻制度、經濟制度、階級制度、宗教制度等等。每一個社會爲了滿足與適應其社會特殊的環境與成員的需求，所發展出來的規範角色或社會制度自然而然有所不同。比較社會學家對各種社會制度的分析研究正是在於尋求其不同性並試圖解釋不同原因的所在。

社會制度的發展並非是朝夕可成，它必須經過一段長時期的穩定成長方能爲社會裏的成員所接受而具有約束力，因此社會制度的比較分析是較重視靜態的分析。本章的目的在於介紹目前社會學家在比較社會制度研究上的成績與未來狀況。

---

❶ 參閱 S. N. Eisenstadt, *Essays on Comparative Institutions.* N. Y. : John Wiley & Sons, 1965. Brigitte Berger, *Societies in Change.* N. Y. : Basic Books, 1971.

第一節　比較政治制度

政治制度出現在人類社會的時期相當的早。許多社會學家和政治學家相信，當人類社會開始有財富的累積時，政治制度就逐漸產生，用以分配有限的資源與利用剩餘的財富。基本上，政治制度的兩個主要功能是(一)對外組織軍力抵禦外侮，(二)對內公平分配資源。一方面政府是社會內唯一可以合法組織並運用武力和暴力的團體；另一方面政府又是一個資源分配的大官僚組織系統。

也正因為政府是人類社會的一個重要組織，政治制度往往影響和干擾其他社會制度的發展。從古迄今，不同的社會往往發展出不同的政治制度。傳統中國的政治制度是建立在一個龐大的官僚系統上，由這個系統來處理日常的業務，所謂「天高皇帝遠」；皇帝雖然掌有生殺大權，但是這個龐大的官僚系統日常的運作事實上並未直接牽連到皇帝。傳統中國政治體制在今天的日本文官體制裏仍然可以隱約看到。另外，古羅馬和埃及的龐大帝國亦自有其各自的特色。

在當代的國際社會裏，各國政治制度樣式各異。比較政治學者為了分析和討論方便起見，往往把它們歸類成幾個大類。例如，一個最常見的分法是把西方已開發的資本主義國家，包括美國、日本、西歐等國家，皆歸類成「第一世界」(the first world)，把蘇聯與東歐共產國家劃成「第二世界」(the second world)，而把其他所有的開發中或非開發的落後國家，主要是分佈在亞非兩洲，皆歸類成「第三世界」。❷政治學家立普塞 (Martin Lipset) 則用政府的合法性 (legiti-

---

❷ Irving Louis Horowitz, *Three Worlds of Development*. N.Y.: Oxford University Press, 1972.

macy）和行政效率 （effectiveness） 兩個因素把世界各國分成四大
類。所謂政府的合法性是指人民是否接受這政權的程度；行政效率則是
指政府在推行政策時是否能順利展開的程度。下面這圖可以代表立普塞
的分類：

合法性 (legitimacy)

	(+)	(−)
(+)	A	B
(−)	C	D

行政效率 (effectiveness)

　　A型國家有高度的合法性與效率，包括美、日、加拿大，以及西歐
國家。

　　B型國家則只有高度行政效率，但缺乏民眾擁護的合法性，也就是
那種民眾不滿意政府，可是政府卻又控制得很嚴的國家，如蘇聯、中共
以及東歐共產國家。

　　C型國家有高度的合法性，但效率低。亦即人民雖擁護政府，可是
政府卻無能滿足人民的國家，如墨西哥和印度。

　　D型國家則是合法性與效率皆低。大部份動亂中的國家皆是。❸

　　另外還有一種比較政治分法也是常見的，那就是把國家按其統治的
手段加以分類。這包括極權國家 (totalitarian state)、專制國家（

❸ Martin Lipset, *The First New Nations*. Garden City, N.Y. :
　　Doubleday, 1964.

authoritian state)、強人政治 (dictatorship)、君權國家 (mon-
archy state)。極權國家是指國家統治與控制全國人民的一切活動。
專制國家是指國家由一個或一小羣人所控制，強人政治通常是指軍人領
袖控制下的國家，君權國家則是指傳統君主為首的政府體系。

　　近年來在政治經濟學 (political economy) 概念影響下，有不少
的學者把工業發展的程度跟政府統治方式兩者合併使用來分類：如，民
主工業國家 (democratic industrial societies)，指美、日、西歐及
加拿大；共產主義國家 (the communist nations)，指蘇聯、東歐
共產、中共等國家；第三世界 (the third world)，指其餘國家。❹

　　德國社會學家韋伯在二十世紀所提出的一個分類法，在學術界亦常
為人所使用。他把政治型態分為傳統權威 (traditional authority)：
即政府權力來自傳統習俗，如君權政治；法律理性權威 (legal-ra-
tional authority)：即政府權力建立在法律制度裏，有持續性與穩定
性；神格權威 (charismatic authority)：即由個人聲望性格來支配
的政府。韋伯認為在這三種政治裏以法律理性權威最為理想，而神格權
威最為可怕與危險。

　　比較政治學者近年來討論西歐政治時似乎集中在兩個主題上：第一
是左傾社會主義對西方政治的影響，第二是西方政府體系對歐洲經濟蕭
條的影響。英國政治學者普立玆 (Peter Pulzer) 對歐洲中間偏左 (
the Centre-Left) 政治團體的比較分析是一個典型例子。他指出歐洲
各國的政治跟往昔已大有所異。雖然階級、宗教、地緣，以及語言等仍
然是選舉與政治活動的重要指標，但是它們已經不再是決定性因素。歐

---

❹　這種分類法在政治經濟學研究裏最為常見。參閱 Christian Soe, *Co-
mparative Politics,* 88/89. Guilford, Conn. : The Dushkin,
1988.

洲的政治已走向一個新的境界，政黨必須要有彈性，要能適應歐洲的複雜環境。政府與人民的關係已經逐漸走向為民謀福利的「左傾」趨勢；政府必須注意到地區性的差異來制訂社會福利的政策。羣衆運動亦已成為尋求政治利益的正當手段；工會籌款，政黨則爭取法律上的利益。兩者必須合作才能適應新的挑戰。另外「左傾」者在歐洲社會結構改變的影響下必須吸收中產階級者，因此必須由極端左傾而向中間靠攏。絕大多數的國家裏，工黨的勢力漸減，而社會民主 (social democratic) 黨派已在歐洲形成一股新的力量。

　　比較政治學者討論西歐政治的第二主題是着重在近幾年來歐洲經濟蕭條的原因。這個主題與第一主題中間偏左的新政治勢力的出現是息息相關的。經濟蕭條促成工農階級生活上的困難而加強反對黨派對提供工農貧困者社會福利的主張。因此，比較政治學者希望從政府 (state) 角度來看如何復興西歐經濟。西歐在戰後曾有過一段好日子，但是從一九七三年石油危機以來就沒有復甦過。雖然目前石油生產國聯盟由於內部的不團結很難再集體操縱石油價格，但是西歐經濟卻又必須面臨來自太平洋地區新興工業國家的激烈競爭。因此，在短期內西歐經濟成長仍然有限。西歐政府面臨的問題是如何對付減少的稅收與如何繼續提供社會福利。❺

　　當代比較政治研究最大的注意力還是集中在比較發展 (comparative development) 的理論發展上。尤其是對第三世界政治比較發展的討論相當有成就。這方面代表人物包括：可曼(Almond Coleman)、裴魯恂 (Lucian W. Pye)、漢廷頓 (Samuel P. Huntington)、

---

❺　Peter Pulzer, "The Paralysis of the Centre-Left : A Comparative Perspective," pp. 74-79. in Christian Soe, *op.cit.*, 1988.

艾伯德 (David E. Apter)、斯卡拉賓諾 (Robert A. Scalapino)、荷洛維玆 (Irving L. Horowitz)、拉斯偉 (Harold D. Lasswell) 等人。

這一批注重比較政治發展的學者認為傳統的比較政治學太傾向於對政府的比較，而且又過份專注西方政府。傳統的比較政治學亦往往把西方的民主政治視為典範，把非西方的政治型態視為落伍或低等，因而造成政治學者對其他地區政治的忽略或敵視。在這種情況下，傳統的所謂比較政治實際上只是虛有其表而已。比較政治發展的學者認為新的比較政治研究應該着重政府型態與功能在時間與空間上的異同。研究的範圍不僅包括正式的有形政府型態，而且亦要注意到政府與其他社會部門之間的關係，以建立一套可以解釋政治之不同發展的理論。

第三世界國家的動亂給比較政治學者一個有趣的研究對象。從非洲的獨立，而拉丁美洲的革命，而東南亞的戰爭，以及亞洲新興國家的政府角色功能都成為比較政治學者的研究對象，他們的研究不僅影響了當代政治學的方向，而且惠及其他比較社會科學的研究，特別是經濟學與社會學兩學科。

第二節　比較家庭制度

在所有社會制度裏，家庭制度是最基本的，因此也是最普遍的。人類社會從原始時期一直到今日皆具有家庭的制度，因為家庭擔負了生育、娛樂、經濟、教育以及社會化的社會功能。也正因為家庭的重要性與普遍性，比較家庭的研究從十九世紀社會學創始迄今，一直是廣受重視的主題。孔德、斯賓塞以及涂爾幹皆曾討論過家庭制度在社會結構裏的地位問題。在文化人類學與社會人類學裏對初民社會家庭的比較研究更是十九世紀之重點。

　　比較家庭研究的初步重點是描述各種類型的家庭組織。大致上來講，我們可以按照家庭的權力分配、居住型態、香火承襲、家庭大小、婚姻方式等特質來分類。(1) 以權力來分，有父權制 (patriarchy)、母權制（matriarchy）及均權制（companionship）；(2) 以香火承襲來分，有父系（patrilineal）、母系（matrilineal）及雙系（bilateral）；(3) 以居住型態來分有父宅家庭（patrilocal）、母宅家庭（matrilocal）及自宅家庭（neolocal）；(4) 以家庭人數來分，有擴大家庭 (extended family) 與核心家庭 (nuclear family) 之分；(5) 以婚姻方式來分，則有一夫一妻制（monogamy）、一妻多夫制 (polyandry)、一夫多妻制 (polygyny)；(6)以配偶選擇方式來分，有內婚制（endogamy）與外婚制 (exogamy)；(7) 以血緣關係來分，有姻親關係（conjugal relationships）與血親關係（consanguineal relationship）。

　　既然人類家庭型態這麼多，比較研究就成為必須的。早期的社會達爾文學者（social Darwinists）利用化石與考古學的證據提出父權制家庭為原始家庭的構想，但是也有人認為母權社會才是最原始的家庭制度。主張母權家庭最力者以人類學家莫根 (Lewis Henry Morgan) 為代表。他發現在所有的原始狩獵社會裏，幾乎全是母系家庭與母權家庭。因此，它應該是最原始的家庭型態。這種看法甚至於在馬克斯與恩格斯的著作裏可見。

　　二十世紀初期芝加哥學派的社會學者如湯瑪斯、蒲濟時等人對家庭比較功能的研究頗多貢獻。他們指出家庭的一些傳統功能在現代社會變遷的過程中已為其他制度所取代。因此，未來的家庭主要功能將是情緒上的功能。社會人類學家瑞德克利夫布朗 (Alfred Radcliffe-Brown)

和馬林諾斯基（Bronislaw Malinowski）則將原始社會裏的家庭功能加以系統整理與比較。

在比較家庭社會學領域裏，顧德（William J. Goode）在一九六三年出版的《世界革命與家庭類型》（*World Revolution and Family Patterns*）一書曾經引起很大的震撼。他認為家庭功能在現代化的影響下必然減少消退。現代化與家庭變遷是二個平行的過程。不過思想意識的興起則必須發生在此二種變遷之前。顧德認為非西方國家在工業化之前已經在思想意識上產生了三種重要的變遷：(1) 傳統習俗在經濟成長過程中已顯得不重要。(2) 婚姻家庭開始比親族變得更重要。(3) 男女漸趨平等。從比較社會資料的分析，他認為非西方社會在現代化的衝擊下必然趨向婚姻家庭或核心家庭的型態。其他比較家庭社會學的研究大致上已證明顧德的看法是正確的。❻ 顧德是把家庭的趨向婚姻核心家庭視為現代化的結果。另外一個社會學家烈威（Marion J. Levy, Jr.）在處理中日兩國家庭時，把它視為造成現代化成敗的主要原因。這一點我們在談論烈威的中國現代化理論時再詳細介紹。

近年來由於統計資料之完整，社會學家也用統計來分析比較人口出生率、離婚率、家庭大小等等研究。雖然這些資料大多數是由各地政府或機構加以搜集，在變數定義上或搜集方法上常有不一致的缺點，但是對於我們瞭解世界各地家庭型態與變遷問題上有相當重要的貢獻。今後此種研究仍會為學者所接受，將是無庸置疑的。

近年來，一個跟家庭相關的比較研究也開始受到注意，而且亦已稍有成就，那就是世界人口老化（aging）的問題。人口老化是世界性的現象。開發中國家雖然老化程度尚不明顯，但是其必然步向已開發國家

---

❻ William J. Goode, *World Revolution and Family Patterns*. N.Y. : Free Press, 1963.

的老化現象是很明顯的。根據人口學家的估計至二十一世紀中葉時，已開發國家的人口中至少有百分之二十會是六十五歲以上的老年人口。開發中國家屆時老人人口雖不至於那麼多，但其在總人口的比例將遠比今日爲多是可以預料得到的。

　　比較老年學（comparative gerontology）主要的興趣在於明瞭老人在世界各國目前的社會地位、未來人口增長趨勢，以及各國對老人社會福利的政策與實施情況，希望能從研究比較裏獲得取長補短的機會。開發中國家可以從已開發國家的經驗裏學習到政策的可行性問題與推廣問題。比較老年人口的研究發現不同的社會往往對誰是老年人這個問題有不同的答案。老年社會地位與角色亦往往不同，而且社會福利的因應策略亦有所不同。例如，有些國家把老年年齡界定在六十五歲，有些則用六十歲或甚至於五十五歲爲標準，臺灣則更界定在七十歲上。

　　比較老年研究的資料來源到目前爲止，主要的有兩項資料。第一是運用人類學家所累積搜集的「人際關係地域檔案」(Human Relations Area Files)。但是由於老年學是近幾年才發展出來的一門學科，該檔案裏所包括的社會和社區資料裏，有許多當時並沒能注意到有關老人資料的搜集。葛拉斯克和費門 (Glascock and Feinman) 一九八一年利用該檔案時發現只有百分之六十二的 HRAF 檔案社會有老年定義的資料。因此，在使用 HRAE 全部檔案時必然發生樣本抽取的困難。

　　第二種資料是依賴世界各國當地學者對該國老年人口所做的個案研究。這種資料目前累積的不少，但是在使用上亦有困難。例如：每一個個案設計者的研究興趣不同，變數的定義與採取因此往往不同，樣本亦往往缺少代表性，因此勉強聲稱其代表科學性是相當牽強的。眞正做數個社會的比較研究的大約只有錢納斯等(Shanas et al)在一九六八年對三個工業化國家：英國、丹麥、美國的比較研究，賓斯生(Bengtson et

al) 在一九七五年對六個開發中國家: 阿根廷、智利、印度、以色列、
奈及利亞等的老人與現代化比較研究較具突出。至於理論上，則是有考
吉爾 (Donald O. Cowgill) 與何門斯 (Lowell D. Holmes) 兩人所
提的有關老人與現代化理論比較突出。❼這方面事實上仍需要有突破才
能更上層樓。

第三節　比較經濟制度

經濟制度是社會制度的一種用以提供與節制社會裏之生產、分配以
及使用規範。物資與服務的生產發掘以及供應是社會裏的成員用以求生
的必須條件。社會因此必須發展出一套規範模式來合理分配有限的資
源。在最早期的原始社會裏，人類只靠天吃飯，不必生產，因此沒有剩
餘物資的問題，各人靠自己的能力採取所需的物資或食物以維生。但是
當人類社會發展到園藝種植時代，人們開始自己生產時就發生了剩餘物
資與平均分配的問題。因此，某種型態的經濟制度開始出現，做為生
產、分配以及供應的行為準則。這種情況在當代高度工業發展且都市化
的社會裏更是明顯。

社會學家對經濟制度的興趣並不在於經濟內部結構的問題，例如分
析供需問題、產銷問題或者是稅徵問題等等; 這些是經濟學的範疇。社
會學家比較重視經濟制度與其他社會制度的關係。例如: 經濟制度類
型、企業集團的大小與影響力、職業結構之特質等等以及它們對人們日
常生活的影響的問題。

大致上來講，當代已開發國家的經濟制度可以分為三類: 資本主

❼　有關老人的比較研究，本段主要參考自 Donald O. Cowgill, *Aging
Around the World*. Belmont, California : Wadsworth, 1986.

義、社會主義、民主社會主義經濟。資本主義最大的特點在於財富與生產工具的私有。個人允許並被鼓勵謀求高利潤並累積財富、資本主義的第二個特點是其市場指導的原則，亦卽所謂市場經濟。商品的價格與生產數量完全以市場的需求爲指導原則。資本主義的第三個特點是人們有自由買賣、生產以及消費的權力。社會主義經濟則強調利潤的均分。因此，不僅生產工具爲國家所控制，而且消費的方式亦爲國家所支配。人們不允許有財富的累積，亦不許有私人生產工具，商品的生產與價格由政府或其指定的機構來加以統一制訂。所有經由生產與消費所獲得的利潤則歸公。這種制度並非由市場原則來指導，而往往是由國家在事先擬訂的經濟計劃所支配。民主社會制度則又稱福利資本主義制度，它是介於資本主義與社會主義之間，一方面由國家統一支配重要的企業，另一方面則由國家提供人民食衣住行的基本福利需求。這種制度的好處是人們仍可擁有私人財產，並有努力生產的意願，而且一般老百姓的民生必需品亦受到應有的照顧，其缺點則是稅收往往太高。例如瑞典人民所繳的稅大約是其個人收入的一半，挪威、丹麥、荷蘭、盧森堡等國的稅也幾近百分之五十。而且還有愈來愈高的趨勢。

　　當代比較經濟學家非常注意的一個研究主體是「跨國企業公司」（multinational corporations) 的運作問題。❽

　　「跨國企業公司」在當代國際經濟扮演着舉足輕重的角色。絕大多數的「跨國企業公司」是由美國人所控制，近年來則已有轉移至日本人手中的趨勢。國際電話與電報公司（AT&T ）所僱用的員工有四十幾萬人，分佈在七十個國家。萬國商業機器公司 (IBM) 在世界各國亦廣設公司與工廠。福特汽車公司 (Ford Motor Company) 三分之一的

---

❽　Robert L. Heibroner, *The Making of Economic Society*. Eng-lewood Cliffs, N.J. : Prentice-Hall, 1980.

資產投資在外國，其三分之一的員工也是外國人。這些跨國企業公司的
財富有不少要比世界上許多小國家要強。

　　比較經濟學家注重「跨國企業公司」的經濟財富以及其在世界各國
政治上的影響力。特別是「跨國企業公司」對第三世界國家經濟與政治
發展的正負影響一直是學者們爭論的焦點。「依賴理論」（dependency
theory）的攻擊對象正是第三世界國家裏受「跨國企業公司」壓抑
的政經制度。有人把開發中國家的情況稱之爲受「新殖民地主義」（
neocolonialism）以別於傳統的「殖民地主義」（colonialism），新
殖民地主義即使開發中國家雖非受已開發國家的統治，但其政經文化的
依賴性事實上與統治毫無差別。

　　社會學家柏格（Brigitte Berger）認爲比較經濟學家等的研究問
題大致上包括下面四種：

　　（一）比較經濟學者的第一個研究問題是如何去釐訂一個共通的標準
來衡量不同社會的不同經濟制度與不同發展程度。

　　（二）第二個研究問題是注意經濟到底在什麼「時機」（moment）
開始改變或成長。例如，人們常說的經濟起飛，到底是什麼時候才算「
起飛」，用什麼標準來說明經濟已「起飛」？

　　（三）第三個研究問題是發展經濟與發展的因果關係。注意到爲什麼
經濟會發展與如何發展的問題。

　　（四）第四個研究問題是經濟計畫的可行性與效果的問題。主要的重
點是討論當經濟未能在自然的情況下發展時，如何以計畫模式來推動經
濟發展。❾

　　其實，對經濟發展與社會結構的改變一直在社會學主流裏占有一個

---

❾　Brigitte Berger, *Societies in Change : An Introduction to
　　Comparative Sociology,* N. Y. : Basic Books, 1971, pp. 51-58.

相當重要的地位，自從韋伯 (Max Weber) 對基督新敎倫理與資本主義的興起做了比較以後，比較社會學的中心論題一直是：爲什麼西方社會的經濟發展得這麼快，而其他非西方國家經濟就那麼落後？這個問題也自然而然成爲後來現代化理論的中心論點，有關這問題，我們在談現代化時會詳細討論。

第四節　比較階級制度

　　人類社會自從有了剩餘物資與私人財富累積之後，就有社會階級制度的存在。在當今的人類世界裏，沒有一個社會是沒有階級的。有些社會因爲貧窮的緣故，社會階級的劃分不建立在財富之有無上，而是依靠權力之有無來分高低。有些社會則由財富、社會聲望、敎育等因素來劃分人的高低。馬克斯認爲社會由於財富的不平等而製造出人的階級的不平等。有財富的是高高在上的資本家，沒有財富且需出賣勞力的是無產階級處於受剝削的地位。韋伯認爲財富並非唯一的標準，個人聲望以及政治權力亦常被用來決定個人在社會上的地位。美國社會學的功能學者則認爲一個人的社會地位的高低是依靠兩個因素來建立：第一，他做的工作難不難。第二，他做的工作是否重要或有功能。如果工作難且又重要，則這個人就會擁有高地位，反之則社會地位低。近代的衝突理論則認爲社會只有兩種按權力劃分的階級：支配者有權，被支配者無權。

　　歷史上的社會階級制度錯綜複雜。大致上可以歸類成三大類型：第一是古印度的嚴格階級制度，它是一種世襲階級制度(caste system)。個人的地位與生俱來，毫無改變的餘地，沒有職業選擇的自由，也沒有通婚的自由。第二種是開放階級 (open-class system)，以美國爲代表。在這種制度裏，人們有自由選擇職業、婚姻與社會地位的權力與機會。因此，人們亦有爬昇的機會。人們以能力 (merit) 來建立社會地位，而非以家世或遺傳來承襲社會地位。不過世界上絕大多數的社會階級制度是介於今日美國的開放階級與古印度的世襲階級制度之間。

社會學家在做比較研究時，基本上已先認定幾項原則：第一，階級 (class) 或階層 (stratification) 是社會製造出來的。第二，階級或階層制度普遍存在於每一個社會裏。第三，每一個社會的階級或階層制度由於環境的不同而有所差異。第四，社會階級對個人的一生有重大的影響。社會學家認為社會階級就是社會不平等。研究各國的社會階級事實上也就等於是研究各國的社會的不平等。❿

比較社會階級的研究目前的重點在於下面幾項研究分析：

第一，社會流動率的高低問題。現代化程度高者，社會流動率往往較高。

第二，職業聲望的各國比較研究，往往可發現一致的主觀心態。

第三，階級形成與社會變遷的關聯問題。

第四，階級鬥爭與衝突問題。

有關比較階級的研究大多數是分散在零星的雜誌與學術性刊物上，真正以比較階級或階層為書名的大型具體著作寥寥無幾。一九七〇年出版的由波尼克夫 (Leonard Plotnicov) 與杜鄧 (Arthur Tuden) 兩人合編的《比較社會階層論文集》(*Essays in Comparative Social Stratification*) 算是集冊成書的系統性論著。這本書主要是由十二位到匹玆堡大學 (University of Pittsburgh)做一系列有關「開發中國家新社會階層模式」(Emerging Patterns of Social Stratification

---

❿　參閱 Reinhard Bendix and Seymour M. Lipset eds., *Class, Status, and Power : A Reader in Social Stratification*, N. Y.: Free Press, 1966.

in Developing Nations) 演講的講員的論文集冊成書的。所包括的
章目計有: 第一章, 多元論與階層(Pluralism and Stratification);
第二章, 加勒比海的社會階層 (Social Stratification in the Car-
ibbean); 第三章, 多元社會的社會階層: 非洲的白人徒置區 (Stra-
tification in Plural Societies: Focus on White Settler Societies
in Africa); 第四章, 美蘭尼西亞的麾沙克: 維拉之多元社區 (Mel-
anesian Mosaic: The Plural Community of Vila); 第五章, 英
國統治下印度菁英的吸收 (Recruitment of Elites in India Under
British Rule); 第六章 , 進化與革命: 中國社會階層的二種變遷 (
Evolution and Revolution: Two Types of Change in China's
System of Social Stratification); 第七章, 日本社會階層的持續性
(Continuities in Japanese Social Stratification); 第八章, 中
東變遷中的社會階層之政治婚姻 (The Politics of Marriages in
Changing Middle Eastern Stratification Systems); 第九章,
意大利社區裏之階層: 地區性差異 (Stratification in Italian Co-
mmunities: A Regional Contrast); 第十章, 非洲之階層 (Strati-
fication in Africa); 第十一章, 傳統與現代性之重新檢討 (Tradit-
ion and Modernity Reconsidered), 以及兩位編者在書前的導論引
言, 共計十二篇。可惜的是, 最近二十年來很少再看到這樣廣泛的比較
研究了。**⑪**

　　至於有關中國社會階層方面的著作, 何炳棣的《明清社會史論》(
Ping-ti Ho, *The Ladder of Success in Imperial China*) 是討論

---

⑪ Leonard Plotnicov and Arthur Tuden, eds., *Essays on
Comparative Social Stratification,* Pittsburgh : University of
Pittsburgh Press, 1970.

科舉制度裏的社會階層及流動的經典之作。魏鏞的《菁英徵募與政治危機》 (Yung Wei, *Elite Recruitment and Political Crisis*) 是討論清末民初的政治菁英流動問題，著者本人的《民國政治領袖之昇遷》 (*Patterns of Political Elite Mobility in Modern China, 1912-1949*) 則是討論國民政府在大陸撤退之前的政治流動。馬許的《滿大人：中國菁英的流動》 (Robert M. Marsh, *The Mandarins : The Circulation of Elites in China*) 是以滿清官吏為樣本的研究。艾伯華的《傳統中國的社會流動》則是以家譜資料來分析數代社會地位的改變，是相當別緻的一項研究⑫。從上述這些研究來看，傳統中國社會階層還算是相當開放的，科舉制度是傳統中國打破世襲階級的最有貢獻的制度。

第五節　比較宗教制度

社會學家對宗教制度的興趣起源甚早。從十九世紀的涂爾幹的宗教理論一直到一九六〇年代貝拉 (Robert Bellah) 的市民宗教 (civil

⑫ Ping-ti Ho, *The Ladder of Success in Imperial China*, N.Y. : Columbia University Press, 1962. Yung Wei, *Elite Recruitment and Political Crisis*, Ann Arbor, Michigan : University Microfilms, 1968. Wen-hui Tsai, *Patterns of Political Elite Mobility in Modern China, 1912-1949*, Taipei : Chinese Materials Center, 1983. Robert M. Marsh, *The Mandarins : The Circulation of Elites in China.* Glencoe, Ill. : Free Press, 1961. Wolfram Eberhard, *Social Mobility in Traditional China*, Leiden : E. J. Brill, 1962. Wolfram Eberhard, "Social Mobility and Stratification in China", in R. Bendix and Seymour M. Lipset, eds., *Class, Status and Power*, 2nd ed., N.Y. : Free Press, 1966.

religion) 理論，迄至目前對電視佈道者 (T.V. Evangelicalism) 的
熱烈討論。

涂爾幹對初民宗教的理論是比較宗教社會學的出發點。他相信每一
個社會多多少少皆相信某種宗教。人們往往把宇宙現象或事物劃分成兩
個主要類型：神聖（sacred）和世俗（profane），前者指人們崇
拜或懼畏神聖不平凡的現象或事物；後者則指平凡日常所見的現象或事
物。他在《宗教生活的基本型式》(*The Elementary Forms of
Religious Life*) 裏面指出宗教在初民社會裏與社會結構之不可分隔
性，人們對神明的敬畏事實上是對社會規範的敬畏。宗教把社會的凝結
力增強，提高了其整合程度。⓭

美國當代社會學家史萬生 (Guy Swanson) 把涂爾幹理論加以推
廣並予以驗證。他認為一個社會的結構與該社會人們所信奉的神的類別
與數目有關。他分析了三十九個初民社會，發現社會結構越簡單，則人
們信奉的神的數目亦越少。而且在複雜的社會裏，通常會有一個高高在
上的上帝，以及在上帝下面的無數個小神明。⓮

近代比較宗教研究無論是文化人類學或社會學，多多少少皆承襲涂
爾幹的傳統。人類學家理沙 (William A. Lessa) 和若格特 (Evon
Z. Vogt) 在他們兩人合編的《比較宗教讀本》(*Readers in Com-
parative Religion*)的導言裏提出近年來比較宗教的幾個主題包括：⓯

⓭　Emile Durkheim, *The Elementary Forms of the Religious
　　Life,* N. Y. : Free Press, 1964.

⓮　G. E. Swanson, *The Birth of the Gods : Origins of Primitive
　　Beliefs,* Ann Arbor : University of Michigan Press, 1960.

⓯　William A. Lessa and Evon Z. Vogt, eds., *Readers in Com-
　　parative Religion : An Anthropological Approach,* 2nd ed., N.
　　Y.: Harper & Row, 1965.

第一個主題是討論宗教起源的問題。學者們似乎相信這樣的一種看法：人類最早的宗教信仰是多神論，一神論是後來才發展出來的。

第二個主題是遵循涂爾幹的路線，尋求社會與宗教之間的整合關係。

第三個主題是韋伯理論，重點在於宗教與經濟發展的關係。

第四個主題則受佛洛依德心理分析的影響，探討宗教與心理狀況之關聯。把宗教信仰視爲個人潛意識的反映。⑯

比較宗教對上述四個主題的研究大致上可以從兩方面着手：

一種比較方法是以歷史上相關的社會爲對象加以比較。它們之間的相同點可以用來對證它們彼此之間的不同點。這種比較方法可以應用在二個小社區內的比較，亦可以對二個歷史上有關聯的社會做比較。通常可以做相當深刻的分析，故其比較價值較高。

另外一種比較方法則是比較兩個歷史上完全毫無關聯的社會。希望在找出相同點之後能發展出一套通則性的理論或方法。

不過，也有人類學家認爲上述兩種比較方法不應彼此互相排斥，應該是可以併用的。先由歷史相同的社會做比較開始，再用歷史不相同的社會比較來做進一步的理論體系的發展。

社會學家對比較宗教的研究沒有文化人類學家來得熱衷。基本上，它是遵循韋伯的路線，試圖去解釋宗教對社會變遷的影響。近年來，由於東亞地區現代化速度之驚人進展，因此，對日本宗教、中國儒家討論的著作日漸增加。貝拉的《德川宗教》(Robert Bellah, *Takugawa Religion*)與楊慶堃的《中國宗教》(C.K. Yang, *Religion in Chinese Society*)是社會學對東方宗教的兩本主要著作，也是承繼韋伯理論之代

---

⑯ *Ibid.*, pp. 1-2.

表作。⑰

　社會學比較社會制度的研究除了上述幾大項之外，尚有比較種族問
題的研究，比較工業社會，比較社會心理學等等。美國 Little, Brown
書局在 1969 年左右曾出版了一套系統的比較叢書。近年來零碎的討論
文章雖可見於社會學雜誌上，但理論性的系統介紹卻仍闕如，殊為可
惜。⑱

　總而言之，比較社會制度的研究雖然是屬於靜態的研究，但其仍然
受到應有的重視是事實。

⑰　Robert E. Bellah, *Takugawa Religion.* Boston : Beacon Press,
　　1970. C. K. Yang, *Religion in Chinese Society.* Berkeley,
　　California : University of California Press, 1967.

⑱　Melvin M. Tumin, ed., *Comparative Perspectives on Race
　　Relations,* Boston : Little, Brown, 1969. William A. Faunce
　　and William H. Form eds., *Comparative Perspectives on
　　Industrial Society,* Boston : Little, Brown, 1969. William W.
　　Lambert and Rita Weisbrod, eds., *Comparative Perspectives
　　on Social Psychology,* Boston : Little, Brown, 1971.

第六章 比較社會變遷：現代化理論

如果說比較社會研究在社會學理論上有突破性的貢獻的話，那麼毫無疑問地是在比較現代化的探討。現代化的比較研究顯示其重大的特色：第一，比較現代化的研究重新喚醒社會學者對社會變遷的研究。我們知道在一九三〇年代一直到一九六〇年代中期，社會學在功能論的籠罩下研究的重點只放在美國社會的整合性的探討，因此不僅忽視社會變遷的研究，而且對非美國社會的分析亦不太關心。比較現代化的探討，扭轉了這困局；第二，比較現代化的研究可兼顧歷史時間與社會間距空間的比較，一方面可以用歷史發展的描述，另一方面也可以用統計調查做數量上的比較。因此理論之建立較富彈性，應用方面亦較廣泛。第三，比較現代化研究者並不自囿於社會學本身領域內，坐井觀天，他們必須兼採其他社會科學，如歷史學、經濟學以及政治學等之成果。因此，科際整合工作較具規模亦較成熟。第四，比較現代化研究者有相當多數目的非美國學者參與，這些學者以本身體驗與觀察的發展經驗，相互比較，而提出不同的理論，相互輔助，相互修訂。因此，現代化理論在近年來有重大的突破。也正因為這些新理論的建造，我們對近代世界各國的社會變遷有了更正確的瞭解與認識。這一章將特別介紹討論現代化的研究，下一章則專注東亞地區的現代化理論。

第一節　現代化特質

　　大多數的學者都承認十六世紀的工業革命不僅改變了工藝技術的特質，大大提高了人類適應自然環境的能力，而且也改變了人們的生活方式與社會結構的內涵。這些變遷由最早的西歐，而至東歐、南北美洲、亞洲，而至非洲。雖然這過程裏歷經了無數的破壞與挫折，但是「現代化」(modernization) 幾乎已成爲落後貧窮國家人民的希望。因爲現代 (modern) 這名詞概念裏面包含着一種進步、活躍、平等、富裕、民主以及國家的獨立自主。西方社會大多數已成功地邁進現代化社會，也正享受這成果。今日非西方社會則正朝着這方向走，希望有朝一日也能躋身其行列之中。

　　在我們討論現代化之前，我們必須從兩方面來討論現代社會有什麼特質：心理學家討論的現代人性格與社會學家談的社會結構的分化與價值的通則化。

　　從社會結構來看，現代社會具有某些顯著的特質。社會學家烈威 (Marion J. Levy, Jr.) 認爲現代社會結構的特質是：1.社會單位的特殊化；2.社會單位的互賴性；3.一種普遍性的倫理觀念；4.集體化和民主化的綜合。

　　1.社會單位的特殊化。烈威指出在傳統社會裏很少有某一社會單位的存在是專爲某一特定的社會功能。以商業來講，傳統社會裏的商業組織就沒有現代社會裏的商業組織之特殊化和專門化。更明顯的，商業活動在現代社會裏已與住家分開，不像傳統社會裏家居與商業活動是分不開的。烈威更進一步指出現代社會裏，不僅各個社會單位功能特殊化，而且社會單位亦有各種更特殊化的副屬組織。

2.社會單位的互賴性。烈威相信傳統社會裏的社會單位是自給自足的，而此種自給自足狀況是得自社會中的家族和隣里單位，人們相信日常所需可由家人、親族、鄰里等來供應或生產，無需求諸於外人。因此，社會單位的自給自足使得中央集權制度難以發展。在現代社會裏，社會單位的自給自足的程度較低：例如教育制度的興起，使家庭對其份子的控制力大爲減少，就因爲現代的教育是由非家庭成員所負責的；社會各單位間的互賴程度較高。

3.一種普遍性的倫理觀念。在傳統社會裏，倫理觀念是較特殊，較狹窄的。人與人的關係通常建立在某種特殊的團體份子關係上，家庭單位總被優先考慮，親族關係也如是。人們做任何事，總先考慮：它會不會影響到我的家人和親友？但在現代社會裏，人與人的互動是超越家族團體界限，而建立於某種抽象的普遍原則上。人們的行爲或互動往往將理性的考慮置於家族關係的顧慮之外。問題的中心是：這樣做合不合理？而不是它會不會影響家人和親族。

4.集權化和民主化之綜合。在傳統社會裏，因爲社會單位的自給自足程度高，其社會和政權很少是能中央集權的，故其缺乏效率。同時，大衆傳播工具之缺乏也使中央集權更形困難。烈威指出，現代化程度愈提高，中央集權也隨之愈深。此種中央集權帶給社會有效率的協調與穩定。烈威特別指出：高度的中央集權並不一定就會帶來專制政治或獨裁政府，因爲跟現代化同時產生的另一種現象是民主化的體系。換言之，一個現代化社會應該是一種綜合中央集權和民主化的體系。❹

倫尼 (Danel Lerner) 強調現代化的社會結構應具有下列諸特質：

1.在經濟上有持續的成長率。在生產量及消費量上都有持續的成長。

---

❹　參閱 Marion J. Levy, Jr., *Modernization and the Structure of Societies*, Princeton, N.J.: Princeton University Press, 1970.

短期的經濟繁榮並不代表現代化，除非這經濟繁榮可以維持一段相當時期。

2.在政治上人民的政治參與率提高。在做政策決定時，應有全民代表參與其事。

3.在文化裏有民俗和理性的規範。神話與宗敎式的社會規範應由民俗和理性來代替。

4.社會移動增加。社會移動的增加是人們在地理上、社會上、心理上等等自由的象徵。

5.在心理上，一種新的現代人格出現，強調理性和效率。❷

從心理學方面，社會心理學家試圖找出現代人的人格特質，麥克蘭德（David C. McClelland）認爲現代人有一種成就導向的人格（the Achievement-Oriented Personality）。他的理論主張「成就」是人類本性裏最基本的需要之一，它得自孩童時期的社會化經驗過程。因此，社會環境對孩童社會化的影響可能促進孩童們對成就需求的成長，但也可能妨礙之。如果成就需求有了適當的發展，人們就會有強烈的事業心，進而促進社會之經濟成長。麥克蘭德認爲一個社會的成就導向人格越高，則有精力的事業家出現的可能性也越高，更進一步會造成急速的經濟成長。❸

英克禮和史密斯（Alex Inkeles and David H. Smith）對六個開發中國家的人格測驗是有關現代人理論的代表作。他們相信如果沒有

---

❷ 參閱 Danel Lerner, "Modernization", in D. Shills ed., *International Encyclopedia of the Social Sciences,* Vol. 10, N. Y.: MacMillion & Free Press, 1968.

❸ 參閱 David C. McClelland, "The Impulse to Modernization", pp.28-39, in M. Weiner ed., *Modernization,* N. Y.: Basic Books, 1966.

人民心理態度上的支持，國家和制度的建造是不可能成功的。

英克禮和史密斯的主要目的在發展出一套可以使用在不同社會裏的現代人人格的測量指標。他們從兩方面着手去尋找「現代人」(modern man)：❹

1.工廠裏的工作行為。現代社會裏最重要的組織是工廠，因此，工廠裏所需求的行為準則，常影響並代表現代人的行為準則；

2.當代都市工業社會裏的功能角色。例如學生、公民、聽衆、生產者、消費者、家庭份子等。因為沒有這些功能角色，當代這種複雜的都市工業社會就無法操作。

他們相信由這兩方面的經驗，人們變成了所謂的現代人。人們的工作環境、學校、都市居留、教育、與大衆傳播工具的接觸等等都是測量現代人人格的指標。

英克禮和史密斯指出現代人具有下列的特質：

1.願意接受新經驗。當個人願意接受新經驗時，個人就有改善其生活水準的願望。現代社會總不斷地創新，個人必要有願意接受新創造出來的機會。

2.隨時準備接受社會變遷。現代人必須是一個能承認並接受其周遭變遷的人，這些變遷可能是政治參與的提高、社會和物理移動之增加、婦女參與機會的增加、年齡差別階層的減少等。

3.意見的增長。現代人應對各種不同的問題提供意見，而且也能尊重他人的意見。

4.資訊的搜集。要能提供意見就必須要有足夠的資訊做為根據。因此，現代人必不能孤陋寡聞。

---

❹ Alex Inkeles and David H. Smith, *Becoming Modern*, Cambridge, Mass.: Harvard University Press, 1974.

5.目前和未來導向。現代人應具有目前或未來導向的人格，而不是回顧舊時往昔的。

6.有效率的。現代人相信人類可以控制環境而不爲環境所支配，並將此信念付諸實施。

7.有計劃的。現代人相信他的公私生活都是可以計劃的。

8.可靠的。現代人相信他自己本人是可靠的，也相信環繞他周圍的人們及社會制度都是可信的。

9.注意工藝技能的價值，而且願意以才能爲分配報酬的準則。

10.教育和職業的願望。現代人把教育和職業看得很重要並具其價值。現代人相信科學和工藝技術可用以解決人類所面臨的問題。

11.認清和尊重他人的尊嚴。現代人對下屬工作人員及弱者具有更重的同情和尊重。

12.瞭解生產過程。樂觀和有效率是此項特質的表現。工業生產過程所需要的決策必須建立在普遍性原則上。

我們必須瞭解所謂現代性事實上是西方性，因此無論是社會結構特質或人格特質都有強烈的西方社會和西方民族的色彩。艾森斯達特 (S. N. Eisenstadt) 曾表示：現代性是經由首先在歐洲發生的一連串歷史過程裏發展出來的。認清了這一點，我們就可瞭解所謂現代化過程就是朝向類似西方社會和西方民族人格的一種過程，雖然現代化並不完全是西方化。

斯美舍 (Neil J. Smelser) 將現代化看做是一個傳統社會試圖工業化時發生於其每一部門的一連串變遷。他指出：現代化牽涉到一個社會裏的經濟、政治、教育、傳統、宗教等之持續的變遷，這些變遷，有的變得早，有些變得晚，但是它們總多多少少受到影響。

斯美舍更指出現代化過程中的變遷具有下列四種主要的模式：

1.變遷是由簡單與傳統的技藝改變至科學知識與工藝技術的應用。

2.農業由小規模的基本農耕改變成大規模、商業式的耕作。此卽包括：生產可做爲買賣的農產物，從市場購買非農業產品，以及雇用工人從事農耕工作。

3.工業由人力與動物勞力的應用改變成由領取薪資之人員操作的機器之應用。產品在市場出售以換取金錢。

4.社會由以農村爲主改變成以都市爲中心。

斯美舍的現代化定義很明顯的傾向於工業化方面，雖然他承認其他方面也有變遷。

烈威對現代化的定義更接近工業化的用法；他給現代化所下的定義注重於動力的來源及一個社會裡成員所使用的工具之性質。所以，一個社會裏的成員如果使用非動物性的動力，並以工具來提高其工作效果，那麼該社會卽可視爲現代化的社會。烈威所稱之非動物性的動力係指動力的來源不在於人類或其他動物體能所提供的。工具則指不附屬於人體身體任何一部份的器具；工具的運用使原本人類不能做的事做成了，或許做得更理想。

烈威的定義很明顯地是以工藝技術發展爲重點，而此工藝技術發展正是工業化過程的中心發展。事實上，斯美舍和烈威二人的看法很類似經濟學家的看法。經濟學家維立斯（Stanislaw H. Wellisz）曾指出：一個國家的經濟的好壞，依賴於其將資源轉變成物品以滿足人類需求的能力。經濟學家對現代化的研究主要在於人們的應用工藝技術來控制自然資源以增加人口平均生產量的成長。對經濟學家而言，現代化、工業化、及經濟成長三者皆指同一現象事實。

大多數的社會學家都認定工業化和經濟成長只是現代化的一部份。

斯美舍與烈威二人都同意這一點，只是他們把研究重點放在經濟因素上而已，這跟經濟學家的等重量觀念是稍有不同的：荷洛維玆 (Irving L. Horowitz) 就指出現代化、工業化、經濟成長三者並非同義詞。他更指明現代化所牽涉到的是一種比較廣泛和複雜的社會變遷，而經濟成長或工業化只是經濟變遷中的一種特別型態而已。不僅如此，工業化並沒有解決社會體系裏人際關係安排的問題，並常給社會的廣大羣衆帶來更多的緊張問題，而造成更嚴重的階級衝突。另外還有在發展的成速上各有不同：經濟成長或工業化的發展可能在短時期內見其成效，而現代化則常具較緩慢的步調。

現代化也時常被視爲是一種西方化 (Westernization)。尤其在開發中國家裏，現代化就是西方化，因爲西方社會代表進步、富裕和現代典範。在前面，我們曾經提過所謂現代性實際上包含着許多西方社會結構和西方人格的特質，歷史上的經驗顯示現代化實際上是一種轉向那些首先在西歐和北美的社會、經濟和政治體系的變遷。資本主義、共產主義、社會主義、民主政治和法律系統都來自西方社會。現代化運動在開發中國家裏常被當成迎頭趕上西方社會的運動。清末民初我國的西化運動就是一個例子。

雖然如此，現代化卻並不一定全部等於西方化。一個社會可能達到現代化而不需「全盤西化」，日本就是一個成功的例子。即使在今日的現代日本社會裏，「日本性」仍然到處可見：家族關係的親密及勞資關係的和睦等非西方的「日本性」不但沒有阻礙日本的現代化，反而在最近幾年來證明其適應現代社會的效能遠超過西方社會。

社會學家對現代化的定義較偏重社會結構的分化過程及社會關係的理性化 (rationalization)。分化係指社會組織或角色由一變二的過程。這新分化出來的二個單位在功能上要比原有的單一單位有效率。按

照派深思 (Talcott Parsons) 的意思，分化牽連到二個相關的過程:
第一個過程是特殊化過程，單位由一變二; 第二個過程則是功能調整適
應力的提高，新分化出來的單位比舊有的功能效果較高。

　　現代化也牽涉到理性化。貝拉 (Robert N. Bellah) 指出: 現代
化牽涉到人類對理性目標尋求的能力之增高。因爲它給社會、人格，團
體組織等體系一個較複雜的交通網，用以評定體系內各部門之所需及潛
力。默爾 (Wilbert E. Moore) 給現代化下的定義也強調理性化的
特點: 現代化可以被視爲一種安排社會生活和實行社會活動方式的理性
化。理性係指人們爲獲取某些特定目的所需之工具或手段的選擇。這工
具或手段有較高的效率，能使目的之達成更快更容易。這些目的包括經
濟生產的提高; 健康的增進與生命的延長，可靠的行政體系，適當教育
的人口，以及完善的都市建設等等。❺

　　總而言之，現代化一方面來看是指社會的經濟成長和工業化，另一
方面來看則指社會關係和社會組織的理性化。從歷史發展的過程來檢討，
現代化的轉變源始自西歐，再傳至北美洲，而今已散佈於世界每一角落。

　　現代化是一個相當複雜且牽涉廣泛的變遷，它不僅牽涉到某一特定
社會裏的每一部門，而且也關聯社會與社會之間的發展。更何況，那一
個社會會不希望現代化，因爲現代化正象徵着進步與富裕。

　　從社會學的觀點，現代化最顯著的特徵應該是社會結構的分化和理
性化。在前面曾提及: 分化過程牽涉到社會單位的特殊化和社會功能的
效率化。這種分化過程可見於各種不同的社會組織裏。

　　在經濟分化過程中，可以看到許多經濟活動由家庭制度裏分化出
來。我們知道在工業化以前的社會裏或在低度開發國家裏，經濟生產往

---

❺　Wilbert E. Moore, *World Modernization: The Limit of Conve-rgence*, N. Y.: Elsevier, 1979.

往總由親族單位來負責的；但是在工業化開始之後或在一個現代化的已開發國家裏，家庭親族已不再是生產單位了。生產功能已由家庭親族單位分化而出；工廠制度現已取而代之，專負經濟生產之責任。經濟生產在現代化社會裏已更特殊化，更具高度效率。

經濟分化的結果也使社會的結構發生變遷。新的職業和新的職業團體開始出現。工藝技術的發展製造了不少新的職業，也組織了不少新的職業團體。

家庭組織分化的結果使許多其原具的功能流失，而由其他社會組織來替代。家庭不僅不再是經濟生產單位，而且也不再是教育的主要單位，因為學校已替代了家庭教育新生的下一代；家庭更不再是宗教（教堂、教會組織代替了此項功能）或醫療（醫生、醫院制度代替了此項功能）等的主要單位。現代的家庭主要功能是情緒上的安慰。家庭的單位越變越小，功能也越變越特殊化了。

宗教組織也經歷了分化過程。在以往宗教管束社會的經濟、政治、科學等活動，現在這些活動的指導原則是理性的而非神聖的。宗教只擔負社會道德規範的勸導約束，而非高高在上指揮一個社會的所有活動。

社會階層組織也開始分化。在傳統社會裏，個人的社會地位在基本上是由一個因素來決定：家庭背景。但在現代化社會裏，個人的社會地位可由好幾種不同的因素來決定，這些因素包括收入、技藝、知識、教育、職業聲望，工作能力等。

上述這些分化將社會帶入功能高效率及特殊化的境界，實際上這就是社會朝向理性化的目標。經濟組織的分化就是生產與分配的理性化，家庭和教育的分化代表知識與決策的理性化，家庭和醫療的分化表現生死現象的理性化，宗教的分化帶來政治行為的理性化，社會階級的分化反映人與人之間互動關係的理性化。

　　到目前爲止，我們對分化和理性化過程所做的討論，認定其成果是一個更均衡，更有效率的體系。然而實際上，分化和理性化也同時帶來了某些新問題，特別是社會的整合與穩定的問題。

　　現代化的分化及理性化可能變成一種破壞社會的過程。其原因如下：

　　第一，現代化牽涉到解組的過程。新分化出的單位常與舊有的單位相互衝突。尤其舊有的單位常操縱在傳統士大夫、政治和宗教領袖的手中。因此，新舊社會單位的衝突也常變成是社會階級的衝突。

　　第二，現代化過程中各部門結構的變遷常不一致。有些變遷得快些，有些變遷得較緩慢；有些朝向一個特定方向變遷，有些則朝向另一個方向變遷；有些變得程度深，有些變得程度淺。這些不一致的變遷就給社會的整合帶來巨大的困擾。

　　第三，現代化過程中新分化出的單位可能社會分子不能立卽完全接受，也可能提高了人們對傳統的不滿程度。對新分化單位的適應問題就造成了社會團體間的衝突。

　　上述這些破壞性的變遷過程自然給現代社會帶來了不安穩。社會份子對舊有的表示不滿，卻又未能充分適應新有的，一種無所適從的疏離感可能隨之產生，社會解組可能跟着發生。因此，現代化過程中的社會就必須發展出一套協調各部門的分化和變遷的系統，以減輕其緊張和衝突，而在另一方面增加其理性化和效率性。這項責任通常係由政府負擔。因此，在現代化過程裏，開發中國家的政府常常扮演一個舉足輕重的角色。這種角色在東亞地區二次大戰後的發展是很明顯地。❻

---

❻　有關政府在開發中角色問題，請參閱 Wen-hui Tsai, "State as a Modernization Agent", paper read at the Annual Meeting of the Third World Foundation, held at Chicago, April 6-8, 1988.

第二節 現代化理論

(一)聚合論 (convergence theory) 在一九六○年代, 社會科學界對世界各地的現代化的一個共同理論觀點是: 現代化是一個無可避免的變遷方向, 沒有任何一個國家能夠置現代化不顧。 在這種觀點之下, 學者們理論之間雖有差異, 但基本上是可以涵蓋在一個所謂「聚合」(convergence) 的概念上。 根據「聚合」論的說法來分析以往的現代化經驗, 同時也用來預測未來現代化的可能方向。

聚合論大致上可以包括兩個主題: (一)聚合論相信所有邁向現代化變遷的國家, 不論其出發點或所採的途徑有多大的差異, 他們必然朝同一個目標邁進。 (二)聚合論者亦相信不論這些國家在資源上、 種族或政治上, 或外來的干涉上有多大的不同經驗, 他們遲早總有一天會達到成功的現代化境界。 ❼ 這二個主題當中, 第二主題的成功命題較難為人所接受。 無論從理論或實證的角度來看, 皆難找到證據來支持這第二個主題。其實, 這成功命題的想法是一種社會進化論(social evolutionism)的延續。因為社會進化論基本上認為由於工藝技術的進步發展, 人類社會文明的演化是一種由落後而文明, 由下而上的發展趨勢。因此, 後期的人類社會文明必然優勝於早期文明。現代化社會的模式既然代表近期進化的文明階段, 則其他落後地區遲早還是會演變到這一階段, 達到所謂「成功」的果實的。可惜的是, 這種必然成功的理論並無太多的經驗資料的支持。在所有朝現代化方向努力的國家裏, 只有數目相當少的國家可以說是成功了。絕大多數仍然在混亂的經驗中掙扎。

聚合論的第一個命題, 即認定所有國家必然朝同一目標 (destina-

---

❼ Moore, *op. cit.*, p.26.

tion) 演變，是比較有理論與驗證資料的支持。成功與否，牽涉到太多的個人偏見與價值判斷；但是國家是否朝同一方向演變，則是比較可以測量的。持這觀點的人相信，現代化必然要工業化，而工業化亦必然牽涉到「西方化」(westernization)，因為沒有工業化所帶來的經濟成長，現代化是難以達到的。可是工業化裏的工廠制度、工藝技術、勞資間的人際關係、管理制度等之絕大部份是來自西方社會模式的翻版。因此，要完全排除「西方化」幾乎是不可能的事。簡單地講，聚合論的第一個主題是暗示將來的人類社會將愈來愈類似，而人們彼此間的差距亦會減少很多。

　　一九六〇年代持聚合論之社會學者以功能論者最為大多數，雖然功能學派對社會變遷研究的興趣不大，但是卻對現代化問題的探討相當熱衷。這種似乎不相稱的現象之所以產生的原因主要可能是因為：(1)一九六〇年代的美國社會學仍然是以功能理論為主流，而絕大多數著名學者皆屬於此學派，因此在這方面的探討自然而然地以其為多數；(2)功能學派在理論基礎上深受韋伯的影響。韋伯對基督新教倫理與西方資本主義精神的關聯有相當深刻的瞭解，因而引起了美國功能論者對現代化與工業化問題探討的興趣；(3)功能論基本上是一個保守主義式的理論，不僅強調社會的穩定性，而且亦間接暗示美國社會的完美整合特質，相信美國社會幾近於均衡狀態，足為其他未開發國家的楷模；(4)功能論兼長歷史與人類學觀點，重理論性探討，但不重統計數量分析。現代化的理論探討正適合功能論之所長；(5)功能論的掌門人，派深思在一九六〇年代晚期亦開始注意到世界文明現代化進化的問題。他的理論足以左右當時美國社會學界，尤其是功能論學者更追隨派深思氏，亦相繼探討現代化問題。

　　聚合論的代表著作，毫無疑問地是派深思的著作最能代表其重點。

派深思不僅相信現代化只有一個共同目標，而且亦堅持現代所有的社會
只有一個共同根源系統。

派深思在一九六六年出版的《社會：進化與比較的觀點》(*Socie-ties: Evolutionary and Comparative Perspective*) 與在一九七一年
出版的《現代社會體系》(*The System of Modern Societies*) 代表
着派深思對現代化的看法。❽ 在前面第四章裏我們曾經將其進化論做了
一個介紹，不再重覆。這裏我們將只討論其現代化觀點。派深思相信人
類社會的發展不是隨機的，而是有一定的方向 (directional)，現代社
會只有一個單一的來源，也只有一個體系；社會與社會之間的差異並不
代表着不同的體系，只代表着在同一體系裏的不同角色單位而已。他認
爲這一個體系就是西方社會體系。

派深思認爲當今世界上只有一個社會體系，那就是西方社會體系。
這個體系有兩個苗圃：以色列和希臘。以色列文明提供了人類宗教文
明，希臘則是今日民主政治的奠基者。現代社會體系源自首先產生於十
七世紀的英國和荷蘭的社會社區 (societal community) 意識，緊接
着十八世紀的英國工業革命和法國的民主革命，使得西方社會體系進化
成最現代化和最優秀的社會體系。而當這個體系傳播到美國發揚光大之
後，在二十世紀爲亞非國家所模倣。

派深思雖然否認他有美國優越感的偏見，但很明顯地可以看出他理
論裏的美國第一論，代表着人類進化的最高峯。美國的個人主義、非集
權的政治制度與社區結社團體的型態皆是其他社會朝向現代化時要學習
的。美國代表着第二階段的現代化，因爲美國把工業革命與民主革命兩
者結合一起且遠超過歐洲。美國的工業已遠超過英國，同時美國的民主

---

❽　有關派深思理論之介紹，請參閱蔡文輝著《行動理論的奠基者：派深
思》，臺北：允晨，1983。

社會亦已達到法國革命時所欲爭取的一切。現代社會雖然面臨新整合的問題，美國卻已成功地經由四種措施而有效地解決了這問題。這四種措施是：㈠司法獨立，㈡介於政府與地方之間組織團體的有效功能的發揮，㈢公民權的賦予，㈣教育的普及。

派深思相信，美國社會所代表的西方現代社會體系要比以蘇俄為代表的社會共產主義來得進步與優勝。因為美國有一個不受政府干擾的市場體系與法律秩序，也有一個超出宗教與種族的國家體制，它更可經由其政治經濟上的優勢而干預其他國家地區的發展，使這些國家趨向於美式的發展方向。因此，美國是今日世界的最高領袖。蘇俄所面臨的種種挑戰與危機終將迫其學習美國。日本雖然也是一等強國，但其社會欠穩定性，其地位亦深受世界局勢之影響。因此，日本亦必向美國靠攏，而成西方社會體系之一環。

派深思的現代社會單一體系論是聚合論的代表。它基本上認定，所有的社會愈變會愈類似，而且亦愈變得像西方社會，因為現代社會就是西方社會。這種說法與英克禮（Alex Inkeles）的現代人（modern men）觀念、默爾（W. E. Moore）的理性化（rationalization）是現代化的概念、顧德（William J. Goode）的核心家庭（nuclear family）趨向論等皆是持聚合論的。只不過他們沒像派深思把美國第一放在理論內。換句話說，聚合論是把現代化看成西方化（westernization），而派深思則視之為美國化（Americanization）的過程。

一九六〇年代的聚合論不僅在社會學裏流行，在政治學裏的所謂發展理論（development theory）亦持同一看法，此一政治學者如艾伯特（David E. Apter）、荷洛維玆（I. L. Horowitz）、艾蒙（G. A. Almond）等人皆是政治學者中發展理論的代表者。

但是一九六〇年代晚期美國內部的混亂與東南亞越戰的劇變，把美國內部的缺陷與世界各國間不平等存在關係全部暴露出來，不僅功能學派失去其唯我獨尊的領導地位，而且以美國為中心的現代化聚合論也開始受到從拉丁美洲經驗發展出來的依賴論的反擊，造成一股新的風氣。依賴論成為一九七〇年代的寵兒。

（二）依賴論 (dependency theory)　　依賴論在近年來在國內相當受到年青社會學者的歡迎，尤其在幾位知名度相當高的學者鼓吹之下，依賴論形成一股風氣，有唯我獨尊之氣勢。❾

　　依賴論有着馬克斯思想的根源和色彩，是建立在拉丁美洲的發展經驗而得。早期的創始者之間應以德裔學者法蘭克（Andre Gunder Frank）貢獻最大。法蘭克 1929 年出生於德國柏林，但其博士學位則取自美國芝加哥大學，他的論文是有關蘇聯農業問題。他在 1962 年首度訪問拉丁美洲，而後執教於巴西、智利以及墨西哥等地大學，他在 1966 年發表的一篇論文裏指責經濟發展階段論。他說低度開發（underdevelopment）並非傳統，更非由來已然；現在已開發的國家亦從未經歷過低度開發，只是未開發（undeveloped）而已，法蘭克舉出五個基本假設：第一，今日世界存在着一種都會區（metropoles）與衞星地區（satellites）的關係；都會區是已開發者，衞星地區則是未開發者。第二，只有當衞星地區對都會區的依賴程度減輕至最低時，這才有開發的機會；也就是說，只有當都會區的控制力最弱時，衞星地區才能發展。第三，目前看似封建和落後的地區，事實上並非是孤立的，而曾是世界都會區的資源與資本的供應者；它們之所以落後是因為都會區今日不需要它們了，把它們拋棄。第四，衞星地區大都市的成長是世界

---

❾　有關依賴理論的討論相當瑣碎，最近出版的一本由Ronald H. Chilcote
　　著作的 *Theories of Development and Underdevelopment*, Boul-
　　der, Colorado: Westview, 1984. 算是比較完整的介紹，讀者可參考。

市場需求因應而出。第五，落後地區之所以落後是因為它們的農業和礦業生產已不為都會區者所需求。法蘭克在一九七五年把這些假設擴展成一本著作，其主要論點仍然是強調低度開發國家的落後經濟是世界經濟市場的都會區國家操縱的結果。他引用拉丁美洲的發展經驗來支持他的論點。

　　法蘭克的都會區與衞星地區論受到相當多的批評，但最主要的攻擊還是對其理論的區域性：只論及拉丁美洲。社會學家華勒斯坦（Immanuel Wallerstein)把依賴理論追溯到歷史歐洲，而提出一個較完整的世界體系論（world system theory）。正如聚合論的看法一樣，華勒斯坦也把整個現代社會視為一個單一體系，不過他認為這個單一體系是純經濟的，文化體系則有數種。在歷史上可以找出二個世界體系：歷史帝國體系（world empires）如中國、埃及以及羅馬帝國，與世界經濟體系（world economics）由英國法國以及它們所支配的殖民地。

　　從歐洲的歷史來分析，華勒斯坦發現世界的經濟中心地區是西北歐洲，這裏有高度生產力的農民；東歐與西半球則是以供應殼物、棉花、糖等為主的邊陲地區（periphery）；至於地中海地區則是半邊陲地區（semiperiphery）。因此十六世紀歐洲的國家發展可以從這三個階段來看：邊陲、半邊陲、核心。邊陲地區通常缺少強盛的政府，核心地區則有強盛的政府。

　　華勒斯坦依此而推演至十七與十八世紀的歐洲歷史，而舉證說明一個由西歐和北美所支配的新的經濟世界體系的出現，這個體系建立在一個資本主義的世界經濟分工上與在強而有力的政治組織上。華勒斯坦在一九七四年出版的《現代世界體系：十六世紀歐洲世界經濟的起源與資本主義農業》(*The Modern World-System: Capitalist Agriculture and the Origins of the European World Economy in the*

Sixteenth Century) 提出了一個具體的概念，認定歐洲在十五世紀末期所產生的工藝技術與組織技巧經由西方的征服殖民地而達到其優勢的地位。在西方軍事與經濟的優勢控制下，東歐與南美洲逐成爲邊陲地區。西方國家更壓榨這些邊陲地區的資源進而控制整個世界。在這種情勢下，邊陲地區更加貧困，更加落後。

雷根 (Charles Ragin) 與查羅特 (Daniel Chirot) 舉出四個理由來說明華勒斯坦世界體系論在一九七〇年代美國受歡迎的原因：

第一，一九五〇和一九六〇年代的比較發展社會科學主要以現代化聚合論爲主，相信只要落後國家採取自由資本主義與跟隨已開發國家走過的路線，它們終將致富。但是有些第三世界國家並不遵從這想法，因此造成國際間的混亂。華勒斯坦的理論比較之下更符合現實世界。

第二，華勒斯坦的門生絕大多數是經歷過一九六〇年代的衝擊，這些年青社會學家的經驗喚醒了以往把美國看做一個大熔爐的理想，馬克斯主義轉而受到注意。華勒斯坦理論的馬克斯色彩正好符合年青學者的所好。

第三，華勒斯坦理論爲馬克斯主義辯護，強調社會主義所以未能在工業社會出現的原因是因爲無產階級集中在未開發的第三世界。因此，社會主義不會只在一個社會主義體系中出現，它必須在世界體系內運作。

第四，一羣年青社會學家對功能實證論的失望，正尋求一個歷史驗證的解釋觀點。華勒斯坦的世界體系論正好可滿足這一羣反動的年青社會學家。 ❿

---

❿ Charles Ragin and Daniel Chirot, "The World System of Immanuel Wallerstein: Sociology and Politics as History", pp. 276-312, in Theda Skocpol ed., *Vision and Method in Historical Sociology*, N. Y.: Cambridge University Press, 1984.

　　華勒斯坦的世界體系論是依賴論的主流，由於它的情緒性成份很高，容易激起年青學者的附和與第三世界國家裏社會學者的聲援。因此，世界體系廣受重視，自成一家之言。

第三節　現代化問題與代價

　　我們在前面曾再三強調現代化是一種人類求進步和求富裕的最高企求。現代化的變遷是一種全球性的變遷，沒有任何一個社會或國家不受其影響。雖然在許多未開發的社會裏，傳統份子的阻撓力量仍然相當強有力，但是為社會、為人民尋求富裕和進步的生活之目標仍然是一致的。在許多社會裏，反對的對象並不在現代化的目標，而是現代化的方式與途徑。

　　很明顯的，現代化能為社會帶來進步和富裕，提高全體份子的教育程度、醫療健康，以及社會安全等，然而現代化同時也能帶給社會不少問題。

　　第一，在許多未開發社會裏的現代化運動是一種外來的力量。十九世紀西歐和北美的現代化是一種內部的分化過程，是一種自十六世紀以來累積而成的經驗進化，因此，其社會內部的協調與適應是經過一段長時期的發展而產生，社會內部因而較少衝突。然而，二十世紀非西方社會的現代化努力卻是「外來」的力量，很多現代化所要求的改變都與傳統社會格格不入，舊傳統的拋棄和新行為規範的導入之間常有矛盾和衝突。

　　第二，現代化的過程常常牽涉到許多不均勻的分化過程。某些社會結構改變得快，某些則慢，因此快慢之間產生的差距常能導引衝突。物質方面，特別是工藝技術，那些看得見的常常變化得快而明顯；相對的，思想價值體系的改變則是緩慢的，其傳統抗拒力較大，也不易看出。此種不均勻的變遷現象給社會帶來新的問題。

第三，現代的進展常是緩慢的，沒非隔夜可成。在未開發社會裏，人們常不耐於長期的等待。在這種情況下，政治領袖常被迫求近利以取悅於民，或採取極端的手段和策略以求達到現實的成果。不幸的是，這種求近利的捷徑常帶來社會均衡的破壞與階級的衝突。在另一方面，如果政治領袖無法在短期內展示成果，改善人民生活和繁榮社會，則人們可能在反對黨領袖的慫恿下起而革命，推翻政府。第三世界政局之不穩定，此為主因。

第四，現代化牽涉到很多西方化的特質。在非西方社會裏，常給予反對者藉口而對改革的計劃與運動加以阻撓。在民族和國家主義的呼聲下，閉門造車，自創格局，不僅未帶來社會的進步，反而導致社會的開倒車。

第五，推行現代化的方式和策略很多，未開發國家領袖和計劃執行者常不知如何挑選，導致朝令夕改，無法貫徹長期計劃，集中人力和資本，達到現代化的目的。資本主義或者共產主義、自由經濟或計劃經濟、中央集權或者民主政治、全盤西化或局部改革、藉力外來因素或閉門造車等等都代表不同的策略，不同的變遷方向以及不同的成果，如何抉擇一種最適宜的策略方法是一件相當困難的事。

在種種困難和無數問題的情況下，非西方國家或社會真正能在現代化努力下有所收穫和達到成功的寥寥可數。十九世紀末期、二十世紀的日本是唯一的例外。最近幾年來，臺灣、韓國、新加坡的經驗成就也可算是比較成功的例子。其他大多數的非洲國家、中東國家、南美洲國家仍然可說尚無成功的個案。

現代化牽涉到經濟、政治、教育與生活品質的改善等層次，在變遷的過程中，開發中國家必然要面臨某些問題，這些問題分別加以敍述於下：

一、經濟現代化

　　一個最常被用來判斷現代化是否成功的指標是經濟成長率。 事實上， 經濟成長問題也是非西方開發中社會必須加以解決的第一個 大 問題。經濟現代化（economic modernization）包括工業化和持續的經濟成長。 按照斯美舍的說法， 經濟現代化可牽涉到下列四方面的轉變：

　　1.在工藝技術方面是由簡單及傳統的技藝轉變到科學知識的應用。

　　2.在農業方面是由基礎農耕進化到商業式的農業經營。

　　3.在工業方面是由人力和動物力轉變到機器操作的動力。

　　4.在區位環境的安排方面是由鄉村轉移到都會中心區。

　　在初期西方社會的經濟現代化過程裏，上述四種改變是漸進的，但是當今在非西方社會的經濟發展過程裏，對這四個問題的處理就成為計劃執行者相當辣手的問題。因為無論他們採取的步驟如何，答案卻只能是一個：馬上就要有成果表現。

　　經濟現代化的成敗往往賴於工藝技術發展之速度與方式。當今非西方社會的工藝技術發展上的基本策略有二：第一種是借用最新的，最有效力的工藝技術，第二種則是採用漸進方式，逐步發展社會目前所需的工藝技術。這二種策略方式，各有利弊。

　　在今日非西方社會裏，第一種方式的工藝技術發展似乎較受歡迎，它有下列數項益處；

　　1.此種最新、最有效的技術已由已開發西方現代化社會 試 驗 和 應用，並證實其效果。換言之，非西方社會借用此工藝技術時，不必再經歷試驗的實習初部過程。

2.應用最新、最有效的工藝技術同時也有心理上的效果。維立斯（S. H. Wellisz）聲稱：此種新而有效的工藝技術代表著一種新的秩序，同時也代表著對老舊的經濟劣勢的擊敗。在非西方開發中的社會裏應用最新、最有效的工藝技術會產生一種超越某些已開發現代化社會之優越感。因為，他們不再是差人一等。

3.最新及最有效的工藝技術常可產生利己的明顯效果，以收服並打擊傳統份子和勢力對現代化的抗拒。

然而，引用最新，最有效的工藝技術常常能給社會帶來種種的問題而阻礙了現代化的努力。最明顯的後果之一是此類工藝技術通常只需極少數的人力操作，因此無法應付社會急增的大量就業人口，很明顯的，此種直接採用方式，無法造福急遽增加的人口。不僅如此，受此類工藝技術直接影響的往往只是一小羣專業人口，而對廣泛大眾的生活方式毫無影響。階級與階段間的隔閡因而愈來愈深大。終至造成社會內部的矛盾與衝突。更有值得注意的一點：在已開發的現代化社會裏證明的某些有效力的工藝技術並不一定就能在落伍的未開發社會裏同樣證明有效。換言之，同一項工藝技術可能在某一社會裏有功效，但在另一社會裏卻是無效的。因為工藝技術的操作與運用所牽涉到的不僅只是機械本身的問題，而且也牽涉到社會各方面的協調問題。

第二種策略是採用漸進的方式，逐步發展社會所需的工藝技術。此種策略的優點有：

1.它是漸進的，對整個社會文化的破壞力輕輕，而且卽使是失敗，其所付出的代價也不鉅大。

2.此種策略通常考慮到社會裏當時的進化水平，按其本身能力，以漸進的方式發展；因此依賴外來力量的程度也不嚴重，受外來力量的干涉機會自然較少。

　　3.在採用此種策略的初期, 因顧及當時社會情況之所需, 往往以改進及發展農業爲優先, 增加就業機會, 減少階級衝突, 大數目的農業人口受益於此類經濟現代化。

　　4.因爲此種策略是漸進的, 計劃執行者常能顧及社會各部門間的協調問題, 減輕傳統份子的抗拒。

　　但是此類漸進的策略方式也有其缺點:

　　1.以農業發展爲初期發展的重點, 無法產生顯著和立卽的效果, 拖長了現代化成功的時間, 無法滿足人們眼前的需求, 社會的不安因而產生。

　　2.採用漸進的方式將無法在短期內迎頭趕上西方已開發的現代化社會; 可能因此永遠落後, 無法滿足民族主義和國家主義者的要求。

　　3.漸進方式的採用需要長期的計劃與執行, 然而在非西方社會裏, 政治的不穩及社會的不安常能中斷經濟計劃與發展; 朝令夕改, 一事無成。

　　對非西方社會來講, 如何由上述二種策略挑選其一來做爲經濟發展的政策是件非常棘手的問題, 做決策時必須考慮到該社會的歷史文化背景及當前所需。一個錯誤的決策, 不僅無法造成經濟的發展, 而且也必阻礙其他社會、政治以及文化等方面的現代化發展。

　　非西方社會在經濟發展過程中, 除了工藝技術發展的問題必須解決外, 土地的分配問題往往也影響到經濟的發展成敗。在經濟發展的初期, 農業人口總佔全社會人口的絕大多數。最主要的農業問題就是土地的分配問題, 如欲改革經濟必先改革農業, 如欲改革農業則必先妥善解決土地分配的問題。通常土地分配問題的解決方式有二種: 第一是採取稅收方式, 第二則是採用強迫征收方式。前者的手段主要是對地主抽取重稅以迫使地主轉賣土地，並投資工業，促成工業之發展。而後者則是由政府強迫征收私有土地，收歸國有，再行分配。

在大多數非西方社會裏，由於農業人口的衆多，對土地的控制就等於是對財富的控制。因此任何土地改革，無論採用稅收方式或強迫征收方式，必然遭遇抗拒而造成社會的不安，尤其是在這些社會裏，地主往往代表著權勢集團，因此土地改革不僅是技術上的問題也是政治上的問題。如果土地改革成功，那麼社會裏的其他改革運動及現代化的努力就有一個好的開始。相反的，土地改革的失敗必造成現代化的停滯。

總而言之，經濟現代化包括工藝技術發展及土地分配問題，是非西方社會全盤現代化聯鎖圈裏最主要的一環。事實上，在一般普通人的眼光裏，經濟發展就代表著現代化。

二、政治現代化

如果說經濟現代化是當今非西方社會的最終目標，那麼政治現代化就是經濟現代化的策劃者及經濟現代化成果的維護者。由非西方社會現代化努力的經驗歷史來看：如果沒有一個具高度效率的政治和政府來協調各部門的計劃與發展，經濟成長及工業化是無法成功的。十九世紀末期的日本及二十世紀晚期的南韓、臺灣、新加坡的成功，其政治之穩定及高效能的政府領導階層是最重要的原因之二。

我們必須瞭解：在西方社會的現代化是出自社會內部分化的自然結果，然而在非西方社會裏，現代化卻必須是一種有次序的長期發展計劃。換句話說，在非西方社會裏，必須要有一個特定的機構來策劃及執行這些計劃。因此這個機構必定是政府決策單位的一部份。

政治現代化所牽涉到的問題不僅包括國內的問題，也包括國際間的問題。大多數非西方社會都曾受過西方殖民地主義的控制；所以政治的獨立是任何一個非西方社會邁向現代化的一個必需面臨解決的重要問題。這種殖民地主義的控制可能是完全的統治: 例如印度、非洲國家等; 也可能是間接的: 例如西方列強在清末民初對中國的財政及政治上的控制。一個非西方社會如欲達到政治現代化，第一步必要能脫離此種殖民地主義的控制，才能達到政治的獨立。在政治現代化的初期，革命與民族主義運動是二個常見的現象。

當一個社會獲得政治獨立和自治，民族主義運動者代替了殖民地政府。人們對於政府的期望，就由狹義的愛國主義轉而為政治、社會、文化等的參與及改進。除非社會的經濟狀況有驚人的擴展與成長，政府無法應付上述的要求。 革命的成功， 並不能保證急速的工業化及經濟發展。國家在政治獨立後， 將會有人才供不應求的問題產生: 政府必需要有足夠的專門人才來頂替那原由殖民地政府官員所擔當的職務。由於殖民地勢力的撤出，經濟發展上所需要的大多數資本及財政體系都告破產。 一般人民所企求的經濟現代化、 社會福利和公眾服務等就無法達成。在這種情況下，人們對政府的不滿自然產生。再加上傳統份子的抗拒，獨立後的初期現代化時期便常見矛盾與衝突的現象。政治上的危機更是時有所聞。

在當今非西方社會的政治現代化過程中，政治領袖的角色問題是一個最重要的因素。這批領袖人物的才幹，眼光及作為所影響到的，不僅是政治結構的形態，而且還包括整個社會的經濟和社會發展的速度及目標。摩斯 (C. Morse) 曾指出: 現代化是一個超級問題; 只有在領導人物能認清這個問題， 並願意解決這個問題; 這超級問題才有解決的希望。換言之，一個在政治上新獨立的社會，其權勢結構如果操諸於一羣熱心於現代化的領袖人物手中，現代化的推展才較易實施與成功。

現代化的領袖包括下列三類人物: (1) 傳統領袖中分裂出來的不滿

分子；(2) 法律、醫學、商業界和知識份子的領袖；(3) 軍隊的領袖。這三類現代化領袖必需要有一致的眼光及抱負，現代運動化的推展才能平穩，並有收穫。可惜的是，在不少非西方社會裏，他們彼此間的相互攻擊，爭奪權勢，不僅未能有助於現代化的推展，反而阻礙並破壞了現代化的努力。

在非西方社會裏，政治領袖的素質與抱負常常決定該社會現代化的成敗。在現代化初期，社會的改革和變遷計劃是由上而下的，由領袖階級而轉達到一般民眾。在上的負責計劃，在下的擔當執行任務。但是到了現代化努力有了顯著成果之後，策略的決定不能只由上層階級單獨做決定，民眾的參與必須擴大，以爭取民眾對現代化計劃的支持。

民主政府似乎是最能有效爭取民眾參與政治的制度。無論是美國式的兩黨政治或歐洲的多黨政治，其特點都在於代表並表達大多數民眾的意願。然而從非西方社會的經驗來看，一黨政治似乎是最常見的政府組織。雖然一黨政治往往不能代表全民的意願，但是一黨政治卻因政治權力的集中而能更有效的策劃和執行現代化計劃裏所需的資源開發及分配工作。一黨政治並不一定就是反民主的，因為政治領袖與民眾之間仍然有機會相互交換意見，彼此鞭策，為政府既定的目標共同努力。換言之，民主政治雖然是西方現代化社會裏最常見的政治方式，但它不一定就能適合非西方社會現代化的需要，特別是在初期的現代化裏，一黨政治往往比民主政治更有效率。

三、教育現代化

在現代化過程中，家庭舊時所擔負的教育功能在社會變遷中逐漸為學校制度所代替。這種改變的主要原因如下：

1. 現代化的社會變遷使社會結構愈變愈複雜，並多元化，家庭已無法提供子女爲適應新的社會結構所需的知識。

2.工藝技術的高度發展創造了不少分工很精細的專門職業。這些職業必須由專門機構及專門器具來訓練，家庭無法擔任這項任務。

3.工業化和經濟發展過程中需要大批受過敎育的勞工，學校能同時大量訓練人員提供工業所需之勞工。

4.在傳統社會裏，家庭和生產單位往往處於一地；所以家庭成員可一方面照顧子女，一方面又能照應生產；同時還能給子女職業訓練。但在工業化社會裏，工廠與家庭已分開，父母無法直接照顧子女，學校成爲大型的托兒所，集中管理子弟並給予一致的敎育。

現代化需要普及的敎育早已是無可爭議的事實。大多數學者都同意，敎育是現代化的大前提，社會必須有高度普及的敎育，以提供大量有知識的勞工，如此才能使經濟起飛。

因此敎育現代化就成爲非西方社會的重要課題之一。這其中有許多問題必須解決，這些問題包括：

1.敎育需要長期的訓練，因此，它往往無法立卽供應工業化和經濟起飛所急需的專業人員及勞工。

2.敎育需要大量的資金，許多開發中國家缺少這項必須的資金。同時，大量投資於敎育可能影響經濟發展上所需的資金供應。

3.許多開發中國家往往過份重視人文社會科學的敎育，忽略工業化和經濟發展所需要的理工科敎育和職業訓練。

4.知識份子往往是反對政府的主要人物，這造成社會的分歧與衝突。

現代化過程中的領導人物必須對整個社會的敎育做一全盤性的檢討：敎育的對象，敎育的方針，敎育與社會經濟的配合等問題都必須要有妥善的計劃，使敎育成爲經濟發展的推動力。

四、其他方面的現代化

經濟、政治、教育只不過是開發中國家現代化的三個最主要課題，其他尚有資訊交通的現代化，生活素質的現代化，價值觀念現代化等都需要同時加以注重的。

資訊交通的改善對一個社會的現代化影響是不小的。資訊交通工具如電信電報網、鐵路、公路、大眾傳播工具等可以一方面暢通資源及供應市場，另方面增長人們的知識範圍和眼界。

生活素質的改善原本就是整個現代化運動的最終目標。經濟發展的成果給社會帶來了財富，然而這些財富可能爲人們所濫用，並不一定提高人們的生活素質。唯有食衣住行育樂的平均享受才是高素質的生活方式。

價值觀念的改變也將是必然的，工藝技術的高度急遽變遷往往快過於價值觀念的變遷，兩者之間常產生某種差距，終而導至社會問題。價值觀念的現代化是值得注意的。

現代化的最終目標雖然是創造出一個富裕康樂的新社會，但是現代化所牽涉到的範疇太廣泛，同時許多非西方社會急於獲取眼前的成果而採近利的方式，因此現代化就可能產生嚴重的反效果；影響該社會，甚或全人類社會之前途命運。這些反效果的問題包括：

1. 資源枯竭：目前工業化所需之大量動力資源已開始呈現枯竭的現象。石油能源危機就是資源枯竭的訊號。除此之外，不少礦產也早已被開發殆盡。

2. 環境破壞：工業生產過程中的剩餘化學用品對環境污染是一項很嚴重的問題；許多水源和空氣都因污染而導致自然界生物的滅種，也破壞了自然界環境區位平衡的狀態。這問題在非西方開發中國家尤然。

3.犯罪率提高：現代化的結果似乎也帶來了更高的犯罪率（日本是唯一的例外），人與人之間的衝突愈來愈深，工人與工廠之間的疏離感愈來愈嚴重，犯罪更形普遍，深深影響到社會的安全。

4.老年問題：現代化社會的一個共同現象是老年人口的增加。醫療衞生的進步、生活素質的提高等等都使人口死亡率大幅減低，生命餘年的延長，老年人口在比例上增高。但是老年人的就業、經濟、娛樂、家庭等問題也就必須設法加以解決。

5.新家庭問題的產生：新的社會帶來新的家庭生活方式，婦女地位的提高、代溝差距的增大、新開放的約會擇偶方式、性開放問題、離婚率增加等都是不能忽視的。

6.都市化問題：工業化的結果使人口大量集中在都市區域，造成都市擁擠，公共設施不足等問題。這個問題在開發中國家更是嚴重。

總而言之，現代化並不完全是圓滿無缺的，也不是沒有代價的。這一點應該是每一個人都應瞭解的。⓫

⓫　本節大致採自蔡文輝著《社會變遷》，第六章第五節，頁 162-164，臺北：三民，1982。

第七章 東亞現代化的比較研究

第一節 東亞現代化之理論

當美國哈佛大學社會學家傅高義在一九七九年出版那本《日本第一》(*Japan As No.1*) 時，美國人對東亞世界的認識是相當膚淺的，即使是在學術界裏，眞正專心研究東亞社會的人數亦是少而又少，屈指可數。● 傅高義的《日本第一》的副標題是《美國的敎訓》(*Lessons for America*) 以極淺易的文筆，從制度的觀點上來描述與分析日本經濟社會成功現代化的原因及其可爲美國借鏡之處。

《日本第一》的第一章就開宗明義的提出美國的國勢正在下降，日本已超越美國。他認爲分析和提供拯救美國弱勢的辦法莫過於從一個曾犯有類似問題而又曾找到不同解決方法的國家來討論是最好的借鏡。他指出有幾點理由，可以說明日本是美國學習的對象。

第一，日本人曾經以極理性的態度來分析與重組其所有的傳統制度。從十九世紀中葉一直到二十世紀中葉的一百年間，日本曾經經過了二次大的改革。在一八六八年至一八八八年的二十年間，日本徹底地學

● Ezra F. Vogel, *Japan as No.1: Lessons for America*, Cambridge, Mass.: Harvard University Press, 1979.

習與比較世界上的優秀制度；在二次大戰之後，日本將這些制度加以徹底效率化與民主化。這二次改革的日本是尋求可適用於日本的良好制度。借鏡日本經驗，美國亦可以重新評估現代制度。

第二，在所有已完全開發的工業化民主國家裏，只有日本是非西方國家。西方國家的工業是由傳統演進而來，但是日本則抽取其本身傳統的菁華，再配合精選細挑出來的西方制度。正因爲日本能融合傳統與外來現代制度，它給美國一個很好的前例。

第三，日本已成功的應付了許多在美國才剛開始出現的問題。美國現有的許多問題，日本早已面臨過，而且成功地應付過，其政策手段正可爲美國借鏡。

第四，日本的制度製造出一個驚人的成績，其成功不僅是在經濟，也在政治與社會各層次。在許多方面，日本人的社會要比美國進步得多。

傅高義這本《日本第一》將美國人從夢中喚醒，造成一連串的日本熱。這種日本熱又因中國大陸一九七六年以後的四化運動而擴及中國研究。許多學者從日本與中國研究的興趣轉而注意東亞（特別是亞洲四條龍：南韓、臺灣、新加坡、香港）的成就並不遜於日本，而對東亞整個地區加以討論。本節就介紹幾種較突出的理論供讀者參考。

一、彼得柏格之資本主義革命

臺灣的社會科學學生對彼得柏格 (Peter L. Berger) 這個名字應該不是很陌生的。在這裏，我們要介紹的是他在一九八六年出版的《資本主義革命》 (*The Capitalist Revolution*) 裏面的觀念，特別是他對東亞資本主義 (East Asian Capitalism) 的解釋。

柏格在第一章的導論裏就開宗明義地反對把資本主義視爲保守或頑固的思想或勢力。他指出資本主義把人類社會的每一部門，從物質，社會、政治以至於文化層面皆加以劇烈地改頭換面，而且這種影響仍然在今日繼續存在。他說他這本書的目的是在於描繪出一套有關現代世界裏資本主義與社會的關聯的理論。因此，該書的每一章裏皆包含數組相關的命題與假設，以供他人驗證之用。他說政治學家常用「政治文化」（political culture）來解釋政治與社會的關係，他建議用「經濟文化」（economic culture）來談經濟與社會之關聯。❷

　　本書第二章討論資本主義對人們物質生活的影響以及物質利益的分配問題。第三章討論階級問題。他指出階級的不平等並非源自於資本主義，它是現代化過程裏出現的現象。第四章談資本主義與民主政治的關聯。第五章討論資本主義與「中產文化」（bourgeois culture）的關係。第六章以後則討論資本主義在第三世界國家的影響。第七章專注東亞的成功經驗，指出東亞已不再是西方資本主義的延伸，而是另外一種資本主義。第八章分析工業化社會主義國家（industrial socialism），特別是蘇聯與其東歐附庸國家。指稱其體系與資本主義同樣是「核心體系」。因為它們代表兩個不同的現代化層面。第九章討論人們對資本主義的承認與接納。最後的第十章則歸納本書所列命題，總結理論系統出來。

　　柏格的第七章標題是：「東亞資本主義：第二個個案」（East Asian Capitalism: A Second Case）。他的重點是日本與東亞四條小龍如南韓、臺灣、香港、新加坡。他的觀點是認為這些東亞國家的成功經驗提供了工業化資本主義的一個新的模式，因此與西方的資本主義有所不同。首先，東亞這幾個國家具有數項共同特徵：（1）它們皆已成功地發展了一種資本主義式的現代工業經濟；（2）它們皆享有高而持續的成長

---

❷　Peter L. Berger. *The Capitalist Revolution*, New York: Basic Books, 1986, p.7.

率;(3)成功地消**除**了第三世界國家常見的貧窮病態;(4)它們皆以製造業外銷爲重心來發展經濟;(5)它們的政府在發展過程中皆扮演相當積極的角色;(6)它們的社會福利事業皆不發達,因爲稅收低;(7)它們皆有高的儲蓄率;(8)它們亦有高度的生產力與勤勞的工作倫理。❸柏格說東亞的經驗一方面代表着新模式的出現,另一方面亦顯示其經驗可供其他國家的模倣。

根據東亞的經驗,柏格提出了四個基本假設:

(一)東亞的經驗證明了工業資本主義制度的優等生產力量 (superior productive power)。

(二)東亞的經驗證明了工業資本主義提高大量人民物質生活水準的優等能力。

(三)東亞的經驗證明了工業資本主義與開放社會流動式社會階級的出現,兩者之間的正面關聯。

(四)東亞的經驗亦證明了在工業化初期收入不平等的必然現象,但是它亦證明了在經濟成長穩定後,此種不平等會消退。❹

在本章裏,柏格緊接着提出了下面八個相關的命題(propositions):

(一)東亞的經驗證明那些認爲世界經濟體系內的依賴者無法成功地發展經濟的看法是錯誤的。

(二)東亞的經驗證明那些認爲成功的資本主義的發展不可有高度的政府干預的看法是錯誤的。

(三)東亞的經驗證明了成功的資本主義發展並不一定就會逼向民主路線發展。

(四)東亞經驗證明西方中產文化 (特別是理性的革新、 創造、 活

---

❸ 同前書, p.142。

❹ 同前書, p.153。

躍、自我制約）是資本主義發展所必須的。

(五)東亞文明裏的某些特質推動和加強了西方中產文化的影響。因此，使東亞在發展現代化過程中較占優勢。

(六)東亞社會已成功的發展了資本主義，卻避免了類似西方的個人主義。

(七)東亞社會的個別獨立自主是共產主義的對敵，它將繼續削減共產主義在此地區的發展。

(八)東亞經濟與西方世界資本主義制度的關聯將加強東亞圈內之民主與自主性。⑤

基本上，柏格的《資本主義革命》是想證明資本主義要比共產主義優秀。東亞的經驗正好幫他做了一個很好的見證。他甚至於宣稱：「對馬克斯論者來講，東亞是其壞消息」(East Asia is bad news for Marxists)。⑥

在一篇相關的論文裏，柏格對所謂甚麼是成功 (success) 有一個很清晰地定義。他認為要說一個經濟成功就必須要有下列三項特質才算：⑦

第一，所謂成功係指持續與自我發掘的經濟成長的獲得。暫時性的或完全靠外來力量的經濟成長，不能算是成功。

第二，所謂成功係指經濟成長的利益由人民平均分享。如果只有少數的一羣人獲益，則不能算是成功。

第三，所謂成功，係指成功的代價並不建立在犧牲或掩蓋個人人權

❺　同前書，pp.157-171。

❻　同前書，p.157。

❼　Peter L. Berger, "Asian Lessons for the Caribbean?" 本文宣讀於一九八七年國立臺灣大學社會學系主辦的「中華民國臺灣：一個新興工業化國家」的國際研討會上。

的因素上。暴政下所得到的經濟可能會有成長，但卻不能算是成功，因爲人權的犧牲與侵犯的代價在這種制度下太大。

柏格說，如果依照上面這三個變數來評估東亞社會，則毫無疑問地，它們是成功的。柏格的看法大致上來講獲得政治學家林德(Staffan Burenstam Linder) 的贊同。林德在她的《太平洋世紀》(*The Pacific Century*)書中指出太平洋地區的經濟成長對其他地區至少有三種效果: (1) 示範效果: 足以影響其他地區思想與經濟上策略的運用; (2) 合作效果: 足以鼓勵國與國之間經濟上的合作及開放市場的自由貿易; (3) 威嚇效果: 足以減低已開發國家的經濟支配力並造成其力圖適應振作的痛苦。❽

二、裴魯恂的權力文化論

美國政治學者裴魯恂 (Lucian W. Pye) 對我國學者來講，應該不是一個陌生的名字。他是一個比較政治學者，對比較政治發展理論相當有貢獻。他同時也是一個中國問題專家，在美國的中國通當中亦相當有影響力。他對比較政治發展的看法比較偏重於文化的解釋觀點。他在一九八五年出版的《亞洲權力與政治: 權勢的文化層面》(*Asian Power and Politics: The Cultural Dimensions of Authority*) 對亞洲國家戰後的政治發展有一個新的看法，值得加以介紹。

《亞洲權力與政治》一書的第一章首先將發展理論加以評介，以亞洲的政治結構來比較依賴理論與發展理論的優劣點。他說: 我比較研究的興趣僅限於那些足以幫助我們解釋不同發展型態的因素。❾ 他的理論

---

❽ Staffan Burenstam Linder, *The Pacific Century*, Stanford: Stanford University Press, 1986.

❾ Lucian W. Pye, *Asian Power and Politics*, Cambridge, Mass.: Harvard University Press, 1985.

強調文化對政治權力有相當大的影響。因此，不同文化必會造成不同政治發展的途徑。對亞洲人來講，權勢並非一定就是罪惡的，它是人們尋求個人安全的門徑手段。亞洲人所謂的認同（identity）並非是尋求個人的自我，而是個人在團體中的地位。他同時也指出，亞洲的發展過程已遠超過「西化」的步驟，而達現代化尋求的階段。

　　裴魯恂首先指出現代化發展理論並不完全是一無是處。發展理論在一九五○與六○年代相當普遍受重視，但在目前則似乎成為許多人攻擊的對象。其主要原因是因為發展理論被廣泛應用在三大洲的經驗上。事實上證明發展理論較適合於亞洲經驗，但不適用於非洲與拉丁美洲。因為非洲後殖民時期的政治體系缺乏亞洲國家所具有的民族國家主義與邁向現代化的信心。至於拉丁美洲國家則早已是獨立自主國家，且有其獨特政治社會制度，而亞洲國家一直到二次大戰前後才脫離殖民主義。因此，亞洲國家有較強的政治菁英領導經濟社會的改變。拉丁美洲的學者所提倡的「依賴理論」因此是不適用於解釋亞洲國家的；以其來解釋亞洲國家經驗因此是錯誤的。裴魯恂指出亞洲國家的經濟成長並非建立在排拒「依賴理論」所指謫的罪魁：「世界經濟」（world economy），相反地，它們是建立在與世界經濟密切合作。甚至於中國大陸現在也瞭解這一點。事實上，亞洲國家並未因此而喪失其掌握自己命運的能力，亦未為世界經濟所主宰支配或擺佈玩弄。裴魯恂的結論是亞洲國家近年來的發展經驗正足以支持發展理論的說法與觀點。❿

　　但是裴魯恂亦提醒其讀者：他的這種結論並不等於就是說亞洲國家與西方國家的發展經驗完全一致或毫無差別。社會科學家的任務因此是設法去找出那些差異。他的《亞洲權力與政治》正是尋找那些差異處。他

---

❿　同前書，p.7.

相信不同的文化將會造成不同的現代化樣式；有些文化有助於現代化，而另外一些文化則可能阻礙現代化。從政治發展的角度來看，人們對權力的性質的主觀瞭解的改變、人們對權力的期望企求的改變以及人們對權力合法性解釋的改變皆足以影響一個國家的政治發展。在西方國家，權力是用來做決策，但在亞洲則正好相反，權力的擁有使政治領袖得以免受做決策的壓力，而放心讓下屬人員去處理政務。因此，在亞洲國家，政治領袖的能力或政績並不重要，倒是他的道德操守才是重要。也正因為領袖有較高尚的道德情操，他們才值得享有地位與權力。亞洲領袖因此必須以身作則，以自己操守爲人們的榜樣。

亞洲的權力並不附屬於政府職位或官銜上，而是附屬於政治領袖個人上。因此，領袖們可以任意操縱他們所佔有的職位以達到私人的目的與利益。人材的選擇自然更重視操守而非才能。政治領袖的操守成爲民衆所關注的焦點，而非才能。例如，亞洲人對貪污的看法就與西方人不同，亞洲人並不認爲貪污是官員濫用職權謀私利，而是貪污損害了官員爲民表率榜樣的清高形象。亞洲人民信任他們的領袖，相信只要領袖們願意，他們就可以把國家治好，這一點是西方文化所沒有的。因此，亞洲權力泉源是由上而下流游的方向。

裴魯恂根據上述理論觀點分別描述與評判日本、中國、東南亞及南亞等地區的權力運作與政治發展過程。他說，日本政治的特點是有高度敏感性的人際關係，但其政治結構則相當嚴謹。中國政治則是領袖與民衆的關係不清晰，爲人領袖者無法瞭解他到底有多少民衆的支持。而在結構上，中國政治亦較欠缺持久性。因此，中國政治往往含有危機與緊張。東南亞的政治人際關係固定不變，但制度結構則呈不穩定現象。南亞的國家的政治則呈雙重的權力系統。政府代表着一套正式的權力結構，此爲英國殖民政府時代遺留下來的制度，但是民間的強烈國家民族主義亦強得足以威脅政府的權力。

裴魯恂在《亞洲權力與政治》的貢獻是以文化心理學的觀點肯定亞洲人對領袖的信仰與崇拜：信任領袖的崇高人格足以把社會經濟繼續發展下去。他的解釋在西方政治學理論上是新的見解，其實在我國研究中國政經發展者早已提出政治菁英的貢獻，不能算是他的獨創。雖然如此，裴魯恂把政治菁英在現代化的過程做了正面的批判。

三、霍伏漢與卡德的東亞制度論

霍伏漢（Roy Hofheing, Jr.）和卡德（Kent E. Calder）兩人在一九八二年合著的《東亞優勢》（*The Eastasia Edge*）是正式承認東亞經濟社會超前的一本著作。他們認為東亞的優勢並非是單方面的。日本的優勢是建立在日本人對工作的榮譽感與責任感，而且也建立在日本人有較久遠的眼光。南韓的成功是政府強而有力支持的結果，臺灣則是建立在成功的土地改革與對世界市場的敏捷反應。東亞之所以能造成優勢是因為這一地區人們具有一套不同於西方人的行為模式，而不僅僅是制度上單方面的改革。 ⓫

霍伏漢和卡德認為把東亞地區的成就歸罪於此地區的廉價勞工是不公平的。他們也反對用「東亞公司」（Eastasia, Inc.）以集體的力量來對付西方國家私人企業的看法，因為事實上東亞國家政府並不直接指揮外銷，而是積極從旁協助。另外一種錯誤的看法是強調東亞人民有比西方人更優越的心理與精神特質。他們兩人也不認為是對的。東亞人有一個共同的信念：那是相信他們的文化應該是世界文化的中心，而且他們也相信團體的生存要比個人的生存來得更重要。東亞地區的人注重教育

⓫　Roy Hofheing, Jr. & Kent E. Calder, *The East Asia Edge*, N.Y.: Basic Books, 1982.

與訓練，保存固有文化並增強對外來侵侮的抵抗能力。他們願意犧牲個人以爭取團體的利益。他們尊重並信任政府，也期待政府努力於經濟的開發。這些文化特質，加上政府的有效參與，才是東亞優勢造成因素。

霍伏漢和卡德指出東亞地區有下面幾項特質是與其他地區不同的：

第一，東亞人有儲蓄的好習慣。這在其他地區是找不到的。日本、臺灣、南韓，甚至於中國大陸皆有高的儲蓄率，爲經濟投資提供了大量的資金。

第二，東亞地區經濟的另外一個特點是製造業外銷所扮演的重要角色。日本和香港皆少有資源可供外銷，因此製造業就成爲外銷的主要物品。

第三，東亞地區絕大多數的政府皆能有效地控制通貨膨脹問題。

第四，東亞地區各國政府對經濟的干預是間接的，稅收亦相當的輕。

第五，東亞地區皆能維持相當高的就業率，而且也不爲龐大的社會福利事業的負擔而苦惱。

《東亞優勢》的後半部詳細地討論這地區的農業、資本的形成、工藝技術的發展、都市問題，以及外銷策略的攻勢等方面。在討論農業時，兩位作者指出多數開發中國家的農業常常是政治秩序與經濟發展的絆腳石，因爲農民通常是不願意求科學技術的改進，而且大地主也往往壓榨農民而造成民怨。但是這些問題並不存在於東亞地區。農村不僅沒有阻礙經濟開發或破壞政治穩定，而且相反地，農村成爲它有力的支持者。這是因爲一方面東亞農村不是大農場制的經濟，而且另一方面，政府與農業之間的關係相當良好。至於城市方面，兩位作者看不出在西方國家常見的都市病態。他們認爲這主要是因爲：(1) 除了中國大陸以外，其他東亞國家皆無人口遷移控制的措施；(2) 城市裏的分區劃分功能的作法在西方國家是常見的，但在東亞則並不多見；(3) 雖然工業污染是有的，但在經濟發展後，東亞社會已開始注意並設法控制；（4）犯罪率相當地低，社會道德水準高；（5）公共社會救濟不多，這種工作由民間承擔；（6）都市建設由中央統一策劃，而非由地方政府個別負擔。另外一個東亞社會的特點是勞工工會的角色並不重要。資本家與工人之間的關係在東亞社會裏遠比在西方社會要來得和諧。

《東亞優勢》的兩位作者指出任何一個國家的經濟開發必須依賴資金充裕上。資金的來源大致上有兩種：一種是由外國的借貸或援助。另外一種是由國內的儲蓄而得。在一九五○和一九六○年代，東亞地區依賴美援和類似的外來資金，但近年來則已能由高度的儲蓄率裏取得經濟開發用的資金。東亞地區的高儲蓄的原因可以從兩方面來討論。第一是心理動機：東亞人經過長時期的貧困，總是有不安全感，因此，習於儲蓄以防萬一；傳統文化要求節制的美德減少不必要的浪費，而且儲蓄以供養年老父母；儲蓄以響應國家經濟發展的共同目標。第二是社會助因：東亞社會尚未是一個消費者社會，人們不急於大量購買，而且事實上東亞社會因地小人多，也無機會花大筆錢在買地購屋上，何況政府又再三鼓勵儲蓄並給予減免繳稅的優待。因此，儲蓄在東亞社會裏一直很是普遍而且維持高的比率。

霍伏漢和卡德在該書的最後一章呼籲美國人學習東亞人的行為模式與經濟發展方法。但是他們並不主張毫無選擇性的全盤照抄，而是挑選可做參考的幾項特點。尤其是政府在經濟發展中的正面角色是美國可以學的，減少無意義的消費和提高儲蓄也是可以學的，他們反對保護主義，因為這並無濟於事。美國應發揚自己本身的特點與東亞國家硬碰硬的對抗，而非跟着東亞國家後頭跑。只有這樣美國才能重新恢復其強國地位。

從上面這幾本主要著作來討論，我們不難發現它們之間的一個共同特徵：那就是希望美國能恢復往日盛世強國的地位。因此，這些書的作者一致想藉東亞的經驗，一方面檢討美國落後的原因，一方面則想借鏡於東亞國家，特別是日本的經驗，來重整美國局面。因此，我們也不難發現在他們讚揚東亞的成績背後，多多少少還是有一股美國第一的語氣。美國學術界從二次大戰以後就獨霸世界，社會學和政治學者一直努力宣揚美國式民主與生活方式，要他們低頭承認落後本已是很困難的事，再要他們完全認輸更是難上加難。因此，這些東亞比較研究並非完全是客觀的研究是可以想像得到的。

雖然如此，美國學術界也不得不承認東亞國家除了日本之外亦並非全無是處。南韓、臺灣、香港以及新加坡能夠由一個資源貧窮且人口眾多的國家在三十年之間轉變成開發中國家的奇蹟，自有其長處。甚至於中國大陸近幾年來的四化運動如果能持續下去亦大有可為。另外，東亞經驗亦喚醒了一些自由主義的學者，尤其是經濟學者，政府在開發中國家的經濟成長過程中不僅不是一種阻力，相反地，它是一個有力的推動與協調機構。

另外，上面這幾本東亞比較的著作裏有一個共同的缺陷是對中華民國經驗的討論並不多。雖然這幾位學者異口同聲讚揚臺灣奇蹟，將臺灣與其他東亞國家的成就並列，但是在篇幅處理上卻相當的少。這可能的原因是臺灣的資料搜集困難，而這些學者除了裴魯恂對中國社會較熟悉之外，其他人皆依靠二手資料統計來做比較。可惜的是比較研究常用的世界銀行出版的《世界發展報告》（*World Development Report*）年鑑並未把臺灣資料包括在內，聯合國出版的參考統計資料亦不包括臺灣。因而造成依靠這類二手資料分析的學者無法對臺灣做更深一步的分析。聯合國的資料，因為政治的考慮，不把臺灣列入，是可以想像得到的，而世界銀行的出版物較少政治色彩，我國政府和學術界應該可以力爭列入，以供學者專家的使用。

　　如果說，美國學術界從東亞經驗學習到新經驗的話。那麼這經驗應該包括：(1) 高儲蓄率是東亞國家發展的經驗特點；(2) 政府在發展中擔任了一個正面的角色；(3) 東亞國家雖在西方資本主義世界經濟體系中依賴成長，但依賴並非全無是處；(4) 以民富為中心的資本主義式經濟發展策略遠勝於以均分為中心的社會主義發展策略；(5) 高度教育普及在發展過程中是不可或缺的。總而言之，東亞經驗給美國與其他國家提供了一個成功的可借鏡的經驗。

第二節　中國現代化的歷史理論

　　在所有東亞國家近百年來的現代化努力過程裏，中國人所經歷的苦難最為深刻。從十九世紀中葉的西化洋務運動一直到近年來臺灣的成功經驗和中共的四化運動，中國人所受的創傷與所付出的代價是其他東亞國家人民所無法比擬的。

　　從鴉片戰爭敗於英國之手。中國先後數度與西方強國交手，屢戰屢敗。而後更敗於東鄰日本之手，民國成立後的內戰，中日二次戰爭，中共的大陸控制局面以及國民政府的退據臺灣，無一不影響到中國的現代化努力。這些挫折一方面顯示現代化運動的世界性，另一方面亦反映現代化的必要性。臺灣這三十幾年來的成績雖然讓中國人能出一口氣，但是否能由臺灣而推廣至整個中國大陸的現代化，才是中國前途的一大問題。

　　在這一節裏，我們將介紹一些討論中國現代過程的西方理論，進而討論中國現代化的歷史階段及其特徵，最後則涉及臺海兩岸現代化比較的問題。以臺灣目前的局勢來看，比較研究不僅是中外比較，而且應該也包含海峽兩岸的比較，何況海峽兩岸社會制度與社會發展實有相當大的差距。

在所有討論中國現代化過程的英文著作裏，羅茲曼 (Gilbert Rozman) 主編的《中國現代化》 (*The Modernization of China*) 可以說是最具野心，其所涵蓋的時期亦最長。這本書是由九位頗具盛名的現代化理論者與中國問題專家們合撰而成。這本書雖然是集九位學者之論著而成，但編者對其他作者之觀點加以系統化而達成一套能互通聲息的理論觀點。因此，其成就亦比其他大多數類似著作爲大。 ⑫

本書第一章開宗明義地將現代化的意義做了一個系統的界定。編者與作者指出：「我們把現代化看做是在科學與工藝技術革命影響下的社會轉變的過程」 ⑬ 這些轉變包括國際間互相依賴程度的提高，非農業生產的增加，低出生率與死亡率，較均等的所得分配，組織與技巧的特殊化與化，官僚制度化，大衆政治參與，以及普及的教育。 ⑭

本書指出研究中國現代化者常常犯有一些錯誤的偏見。這些偏見包括：

第一種偏見是認爲如果有一個非西方國家能現代化的話，則中國的可能性最大。因爲中國地大物博，而且歷史悠久。但是事實證明：中國不但沒有躋身早期現代化國家之林，而且連把它算做成功的晚期現代化者亦不可能。

第二種偏見是把中國看成一個永無希望的貧窮與紊亂無章的國家，特別是在鴉片戰爭與中共建國之前的那一百年間。

---

⑫ Gilbert Rozman, ed., *The Modernization of China*, N.Y.: The Free Press, 1981.

⑬ 同前書, p.3。

⑭ 同前書, p.3。

　　第三種偏見出現於中共在一九四九年建國之後，把中共政權視爲一穩定的蘇維埃式國家，有能力達成現代化。以蘇俄的前例爲榜樣而現代化。

　　第四種偏見則是在中國與蘇俄吵翻之後。把中國看成一個無需任何外來助力而能達到另一種新式現代化的國家，中國經驗可用來證明以往的現代化理論的錯誤。

　　第五種偏見是着重在文化大革命後之最近十年，把中國目前的現代化運動看做是現代化理論在中國之重新運用。因爲中共的四化運動的種種措施並無異於其他國家現代化的策略和經驗。❻

　　本書雖然亦涉及依賴理論的觀點，但基本上認爲資本主義國家的世界經濟觀並非是中國現代化的阻礙。另外，在一些章節裏，作者們亦常以日本和蘇俄做比較的描述與分析，跟中國做對照。

　　這本書大致上是分成三大部份或單元，第一章與第十五章是理論的介紹與結論的討論，第二章至第七章專注十八世紀與十九世紀的中國政治社會與經濟制度。第八章至第十三章則專注二十世紀的中國現代化的挫折與進展。這種安排一方面兼顧傳統中國社會的現代化阻礙因素，另一方面則把一九四九年的中共建國視爲中國現代化的轉捩點。

　　第二章與第八章是由歷史學家錢森（Marius B. Jansen）負責執筆。第二章講中國在十八與十九世紀的國際關係與地位，第八章則談二十世紀的中國國際地位。作者認爲現代化如果要成功必須學習他國的經驗或者在國際間製造出一個有利中國現代化的情勢。中國傳統的世界觀是現代化的絆腳石。

　　第三章與第九章討論中國的政治結構。第三章是墨廸（F.W.

---

❻　同前書，pp.12-13。

Mote) 單獨撰寫，第九章則由墨廼與懷特 (Lynn T. White, III) 兩人共同執筆。分別討論十九世紀與二十世紀中國政治結構。這二章的重點是政治領袖的角色問題以及政府在資源的分配與人民控制的手段上。

懷特與麥爾 (Ramon H. Myers) 撰寫第四章的傳統經濟制度及第十章的中國現代經濟。討論人口對經濟成長的影響，資金的成長問題，以及經濟計劃策略問題。第五章與第十一章以及第十五章則由編者羅茲曼本人自己負責討論社會整合問題，第六章與第十二章由波斯韋克 (Sally Borthwick) 與波恩斯坦 (Thomas Bernstein) 共同執筆討論文化與教育現代化問題。

前面說過這本書的特點是集各家之長，綜合整理出一套試圖解說中國現代化過程之觀點。它從十八世紀的中國談起而延伸到二十世紀晚期的中國努力。在結論裏編者指出中國經驗的特徵。傳統中國的社會結構有不少是有利於現代化的，中國現代化之所以不能成功的原因主要地是來自政治。他們認爲在十九世紀晚期中國政治的協調和控制效率開始消退，影響中國現代化的腳步。另外一個阻力來自人口的龐大壓力。耕地未增加，人口卻大量增加是一項重大的負擔。再加以資源運轉的不公平分配與困難，更使糧食問題更形嚴重。

編者與作者們把二十世紀的中國現代化經驗分成四個主要時期：**⑯**

第一階段是從一九〇五年至一九二九年。這時期是從一九〇五年廢科舉開始。因爲廢科舉產生了幾種後果：(1) 將尋求解決中國問題的方針由國內而國外，造成留學外國的風氣；(2) 科舉是地方與中央政府維繫的一條重要關聯。無科舉，則中央與地方各自爲政，軍閥勢力興起；(3) 個人主義代替了以國家利益爲重的傳統儒家觀念，家族勢力的重新

---

⑯ 同前書，pp.488-498。

撞頭; (4) 改變了傳統社會階級制度, 城鄉關係的改變造成兩者的隔閡; (5) 改變了教育在社會應有的角色。因此, 這一階段的特點是政治的解組, 改革努力雖一再出現, 但效果不大。

第二階段是一九三〇年至一九五四年。這一時期的成就是要比前期明顯. 它包括: (1) 西方瓜分中國的壓力稍減, 中國向西方貸款的條件獲得改善; (2) 軍閥勢力減退與中央政府統一局面的出現; (3) 工業化開始有持續性的成長; (4) 都市社會的現代特徵開始出現; (5) 少數的知識份子開始扮演領導者的角色; (6) 但是國內的局勢仍呈不穩定的現象。這段時期仍無法做全面性的改革。

第三階段是一九五五年至一九七九年。這一時期出現一個新的領袖與一個新的政權, 以及一個新的現代化理想與計劃。內亂已停, 中央政府再度發揮其控制能力並直接干預現代化的步驟。但是一九五〇年代的成就卻給一九六〇年代的文化大革命磨滅掉了。中國再度陷於困境。

第四階級是一九八〇年以後。中國重新檢討其以往過失。中國仍然距其全部現代化目標甚遠, 但是它成功的可能性正日增。

羅茲曼的這本《中國現代化》雖然有其不可否認的貢獻, 但是仍然有一種大而無當的印象。尤其每章之間的觀點仍欠缺一致性。最近由於中共的四化運動正在積極推展, 因此美國學術界一片中共熱。在一九五〇年代初期、美國學術界的中國熱是一種幻想式的, 把中共早期的改革成績過份渲染, 推崇其為第三世界的樣板。這幾年的中國熱, 則正好相反, 不再把中共看做是社會主義的樣板, 而是把中共的四化運動視為社會主義向資本主義的妥協, 亦暗示資本主義的優勝。正因為此, 坊間近年來出版了不少研究中共現代化運動的著作, 其程度亦參差不齊, 其中絕大多數是針對中共的某一部門的改革來討論, 很少有系統性做中共的現代化做全盤分析的。⑰

　　羅兹曼代表着新一批以中共四化運動爲主的現代化理論。他們與早期的學者不同。這些早期學者包括韋伯 (Max Weber)，烈威(Marion J. Levy, Jr.)，摩爾 (Barrington Moore)，艾森斯達特 (S. N. Eisenstadt) 以及裴魯恂 (Lucian W. Pye) 等人。他們的重點放在檢討中國傳統制度與近代社會的過失。基本上，他們的研究問題集中在「爲什麼中國社會未能發展向現代化？」

　　韋伯的基督教倫理與資本主義精神的研究迄今一直是社會學現代化理論之經典之作。爲了證明基督教倫理對西方資本主義的出現有其獨特的效果，韋伯舉中國儒家爲例來說明中國爲什麼沒能現代化。韋伯對中國的理論主要代表作是其《中國宗教》(*Religion of China*)。在這研究裏，韋伯發現傳統中國雖有幾項有利於現代化的因素：例如，貨幣體系、城市與行會、世襲律法以及社會流動。但是中國沒能發展出資本主義的原因是因爲沒有類似於基督教倫理的心理狀況。⑱

---

⑰　坊間討論中共現代化局部改革的書籍不少，兹舉幾本，供讀者參考。例如: Elizabeth J. Perry and Christine Wong, eds., *The Political Economy of Reform in Post-Mao China*, Cambridge, Mass.: Harvard University Press, 1985. A. Doak Barnett and Ralph N. Clough, eds., *Modernizing China: Post-mao Reform and Development*, Boulder, Colorado: Westview, 1986. Richard P. Suttmeier, *Science, Technology and China's Drive for Modernization*, Stanford: Hoover International Studies, 1980. John Cleverley, *The Schooling of China*, Boston: George Allen & Unwin, 1985. Dwight Perkins and Shahid Yusuf, *Rural Development*, N.Y.: World Bank, 1984. Jurgen Domes, The Government and Politics of the PRC, Boulder: Westview, 1985.

⑱　Max Weber, *Religion of China*, N.Y.: Free Press, 1968.

他發現儒家精神裏太重視穩定，沒有衝突的存在；過份強調自我節制以及人際關係的和諧。傳統中國社會制度是建立在血緣關係上，不信任非家族成員。這些因素過份被動與保守，致造成中國社會之停滯不前。跟西方基督教倫理的進步和不斷探索以支配世界的精神等相反。

韋伯的理論後來被貝拉（Robert N. Bellah）用來比較中日兩國的現代化。貝拉在他的《德川宗教》(*Takugawa Religion*)。他裡認為中日最大的不同是中國以整合價值為首要，而日本則是以目的獲取為首要價值。[19]他認為傳統中國社會理想是一種融洽的平衡狀態。政治體系也是為維持既有體系而設，並無意於改革或目標的獲取。

社會學家烈威曾在中國住過。他對中日家庭的比較有深刻的觀察。烈威表示：中國現代化失敗的可能原因是中國家庭未能改變其內部結構以鼓勵社會的改變。中國與日本家庭的不同社會角色與組織造成這二個國家的現代化成敗之不同。第一，中國家庭支配社會。因此，阻撓社會的進步。第二，中國社會裏商人階級只是過渡時期，人人欲躋身仕途，故無法產生商人菁英。第三，中國家庭的財產繼承權以均分為原則，造成財富無法集中重新投資的困境，無助於現代化的發展。[20]

摩爾和艾森斯達特兩人對中國政治的討論只是他們比較政治發展理論的一部份。摩爾在他的《獨裁與民主的社會起源》(*Sociai Origins of Dictatorship and Democracy*)裏把中國傳統社會之未能現代化的主要原因是政治因素。第一，傳統中國政治體系裏有一大羣科舉制度

[19] Robert N. Bellah, *Takugawa Religion,* Boston: Beacon Press, 1970.

[20] Marion J. Levy, Jr., "Contrasting Factors in the Modernization of Japan and China", in S. Kuznets, et. al., eds., *Economic Growth: Brazil, India, Japan,* Durham, N.C.: Duke University Press, 1955.

下的低級政府官員與士大夫，這些人主要是想躋身官僚體系裏，也有部份人把精力浪費於無效果的暴動上；第二，中國政府官員傳統上以壓抑商業活動與壓榨商人爲任務，無法養成中產階級；第三，中國政府在推行改革時缺乏一個有共識的遠程計劃。艾森斯達特在他的《帝國的政治體系》(*The Political System of Empires*) 認爲三種可能對傳統挑戰的因素在中國未能發揮成功：第一，政權分散的封建制度，因士紳與貴族之阻礙而未能發展出來；第二，都市之工商業團體亦未能完全獨立出來；第三，普遍性的宗敎與文化價值取向亦未能發展出來。因此，傳統中國的變遷只是一種局部和有限的「適應性的變遷」(accomodable change)，未能有劇變。 ❹

裴魯恂的理論主要是在他的《中國政治精神》(*The Spirit of Chinese Politics*) 一書裏，其主要論點是中國社會與政治裏的權威危機 (authority crisis)。他指出中國的發展的一個最基本問題在於其政治與社會制度裏很少有足夠的權威能一方面滿足其重新恢復自信心的需要，而且一方面又能把社會加以現代化和重整。這種權威危機使得政治無法滲透入社會體系內，無法將社會資源加以開發和用來促進現代化。也因此，使得現代化的努力難以在中國成功。 ❷

綜觀西方社會科學家對中國現代化的理論，我們可以發現早期的理論偏向於探求傳統中國社會的缺失，而近幾年來的理論則又有一種一廂情願盼中共四化運動成功的心態。因此，對中國現代化的未來前途尚持

❹ S.N. Eisenstadt, *The Political Systems of Empires,* N.Y.: The Free Press, 1963. Barrington Moore, *Social Origins of Dictatorship and Democracy,* Boston Beacon Press, 1967.

❷ Lucian W. Pye, *The Spirit of Chinese Politics,* Cambridge, Mass.: MIT Press, 1968.

觀望的觀點態度。對中華民國在臺灣現代化的成功經驗，似乎在這些理論裏被忽略掉了。事實上，到目前爲止，西方學者對臺灣現代化做全盤性討論的，只有高棣民（Thomas Gold）的《臺灣奇蹟內之政府與社會》(*State and Society in the Taiwan Miracle*)。❷

　　高棣民在書上聲明他這本書的書名並沒有在臺灣奇蹟這名詞上加一個括號是因爲他相信並肯定臺灣的成就是一種奇蹟。如果他加以括號就表示不承認或懷疑這奇蹟式的成就。在美國的社會科學界裏能用這樣肯定的語來稱讚臺灣的幾乎是找不出來。高棣民是哈佛大學的博士，又是加大柏克萊的社會學助理教授，是年青一輩中國通當中相當優秀的一位。他認爲到目前爲止，尚無法找出一個可以適當解釋臺灣成就的理論。因此，他願意提出自己的看法，從完整的歷史結構方法論觀點來敍述臺灣的成就。因爲臺灣的成就是政治、經濟、社會等因素交互影響作用下所創造的。

　　高棣民在敍述臺灣經濟社會的歷史背景之後，把討論重點放在臺灣的政治體系上，特別是國民黨的結構組織及其擔當的角色。他指出國民黨是一個相當有效率的政黨，是一個亟力推動中小企業成長的政治力量，是一個有決心把臺灣建設成中國的一個模範省的政黨，而且其政治菁英亦是相當受過訓練的專業化的團體。臺灣是晚近才走向工業化的國家，因此一切改變必須由上而下。國民黨的上述特質正好提供了一種有能力的發展領導者來計劃與引導臺灣的發展。

　　高棣民認爲國民黨近十幾年大量吸收臺灣籍的政治菁英進入領導階層並賦與實權的策略是中華民國政治在臺灣這一階段穩定的最大原因之一。他稱這策略爲「臺灣化」(Taiwanization)。其實這就是臺灣社會

---

❷　Thomas B. Gold, *State and Society in the Taiwan Miracle*, N.Y.: M.E. Sharpe, 1986.

科學界所稱的「本土化」運動。不過高棣民認爲在蔣故總統經國先生領導下的「臺灣化」運動並非把領導權全盤交給臺灣人，而是把臺灣人和外省人的政治菁英溶融一齊。在這種狀況下，它減少了省籍間的矛盾與衝突。而且也避免了國民黨被羣衆架空的可能困境。經由本省籍政治菁英的溝通，國民黨在每次選舉皆能獲得百分之七十以上的選民支持。

高棣民的結論是把中華民國在臺灣的奇蹟加以肯定，而且亦把國民黨的領導角色加以肯定。也正因爲他這種明確的態度，他這本書在美國一大羣一向以中國大陸爲依附的中國通當中並未受太多的好評。不過如果我們從專門研究臺灣非經濟層面的論著數量之少的層次上來看，我們自然歡迎高棣民的這本著作。美國另一位政治學者卡柏(John Cooper)，他曾經跟華裔政治學者陳博中教授合寫過一本討論中華民國臺灣選舉的論著，有一次就在一篇討論中華民國政治情勢的文章上慨嘆過：臺灣的成就在政治層面亦比中國大陸的政治成就要高，卻少有人去研究和注意它。卡柏認爲這是很可惜的。

雖然我們不願意厚責美國學者對中共的偏愛，但我們也不必太過份渲染臺灣的成就。一個較正確的態度是把臺灣的成就視爲百年來全中國人現代化努力的一種正面的表現。也許，沒有國民黨在中國大陸的那段慘痛經驗，就不會有今日臺灣的辛苦經營出來的成果。也許，沒有臺灣的奇蹟式成就的比較，中國大陸最近這十年的四化運動亦不會是批評得一無是處。西方學者，特別是美國社會科學界對中國現代化的看法，往往缺少歷史的眼光，以偏概全。早期把中國現代化的努力看得一無是處，現在則驚嘆於中國大陸的「努力」與臺灣的「成績」，總是短視，難以令人信服。可惜的是，臺灣有不少年青的學者整天抱着西方理論不放，把「新馬克斯理論」、「依賴理論」、「世界體系論」硬往臺灣經驗上套。並不能幫助我們眞正瞭解整個中國百年來的現代化的心路歷程。這種對西方理論的高度「依賴」是很不健康的，希望將來不是如此。

近百年來的中國現代史可以說是現代化努力的掙扎史，有無數的血汗和挫折，同時也有肅穆和成就。在這漫長的歷史過程裏，我們不僅體會到中國傳統社會結構與文化的掙扎與變遷，我們也經驗到世界列強對中國命運的掌握與干擾。

如果把這一段歷史加以回顧，大致上可以分爲四個主要的階段。❷

一、第一階段：被動式的局部西化運動

中國現代化過程的一個不可忽視的特徵是其被動性。現代化源始於十八世紀的歐洲，由工業化經濟體系的改變，而進展到社會政治體系的現代化。這些變遷是歐洲社會體系的內部分化演進的結果。但是我國十九世紀中葉之所以尋求現代化乃是外來因素的結果。現代化所牽涉到的特質是外來的東西。因此，我國最初尋求現代化的動機是被動的，所欲變革的也只是局部的。這個階段大致上可以從一八四〇年至一八四二年間的中英鴉片戰爭，一直到一八九四年中日甲午戰爭之前一年爲止。李劍農在其所著之《中國近百年政治史》中指出：中國需要模仿西洋的動機，最早起於鴉片戰爭結束時……因爲鴉片戰爭的挫敗，知道夷人也有夷人的長技，非中國人所能及，非師其長技不足以制之。西洋船堅砲利是不可否認的事實。曾國藩與李鴻章更親身經驗過。曾李兩人深信「中國但有開花大砲輪船兩樣，西人卽可歛手。」因此，一連串的洋務措施在曾李兩人之督促下連續展開。這些包括：上海的江南機器製造局、福州馬尾的輪船製造局、天津的機器製造局、天津的武備學堂和水師學堂、開平的礦務商局、旅順港的興築、北洋艦隊的成立、以及鐵甲兵船的購

---

❷　本節摘自蔡文輝著《社會變遷》，臺北：三民書局，頁 166-181。

買。

　　很明顯地，這一階段的現代化運動所牽涉的範圍僅限於軍事兵工方面的改革。造船、製械、築港、設武備學堂等等，都是爲「轉弱爲強之道，全由於仿習機器」之目標而設。這階段的現代化運動是被動的，是出於不得已的防禦性的；這階段的現代化運動也只是局部性的，所牽涉的範圍亦僅及於軍事兵工而已。不幸的是，中日甲午一戰證明軍事兵工的局部性西化是不夠的。

二、第二階段：維新與革命

　　這一階段大致上始於一八九五年中日甲午戰爭至一九一一年辛亥革命爲止。研究中國現代史的學者大致上都同意，中日甲午戰爭是中國由局部西化運動轉向急速全盤西化的轉振點。曾李辛苦經營二十多年的洋務至此證明完全失敗，那些原本反對洋務運動的士大夫至此也不得不承認敗於日本小國是一奇耻大辱。局部革新和西化已不足以圖存，唯有廣泛的通盤性維新，才是自救之道；船堅砲利不足以禦抗外侮，社會政治的改革才是根本之道。康有爲在一八九六年發起「公車上書」痛陳改革救亡的辦法；孫中山也於同年在香港成立興中會謀求推翻滿清政權。

　　康有爲在光緒皇帝的支持下，從一八九八年四月開始，推行新政，包括：廢八股、試經義策論、學堂中西兼習、澄清吏治、廣開言論、裁減冗兵、籌辦鐵路開礦。但是康有爲的維新運動在慈禧太后與榮祿、剛毅等守舊大臣的反對下，遭到失敗的命運，這就是歷史上所謂的「百日維新」運動的結局。維新運動的失敗激使有志之士轉而支持與參與孫中山領導的革命運動。一九一一年武昌起義，終於推翻滿清，亦給中國的現代化努力帶來了一個新的希望。

　　概括這一階段的努力，我們可以看到中國現代化運動已由原先以洋務運動爲中心的局部防禦性軍事兵工洋務，轉進至廣泛的社會政治改革運動；由康有爲的體系內部改革延伸到孫中山的全面性革命。

三、第三階段：民國的徬徨

這一階段始自一九一二年民國政府的成立到一九四九年中共政權之成立與國民政府的遷臺爲止。這段時期的最大特點是現代化學說百家爭鳴及現代化措施的雜亂無章。在此階段，我們看到民國初年政治不穩定，軍閥橫行，新政推行之缺乏一貫持續性。短命的內閣根本無能力擬定一長遠的現代化計畫。知識界裏則充滿了各式各樣的學說：全盤西化、復古運動、資本主義、社會主義、共產主義、無政府主義、民主立憲、民主主義、民權主義等學說，爭鳴一時。當政者無所適從，朝令夕改，致使現代化一事無成，民不聊生，更嚴重的是造成新舊士大夫知識份子間激烈的衝突。社會各階層之間之差距愈變愈大。

在這一階段的徬徨，很明顯地與民國初期的政局有相當的關聯。由民國元年至民國十七年的北洋政府裏，七位國家元首都是軍人出身：袁世凱、黎元洪、馮國璋、徐世昌、曹錕、段祺瑞、張作霖；都是擁有兵力的實力派。三十二位北洋政府國務總理中，有十二位是軍人出身。卽使　國父孫中山在廣州的軍政府，亦不斷遭受陳炯明之流軍人之干擾。

軍人與政客的勾結，再加上知識份子的競倡學說，導致這一階段政局與社會的不安，也因此而造成現代化計畫之無法推展。政策朝令夕改，缺乏長期的持續性。由民初軍閥混戰，而至中日二次大戰，終至國共內戰，現代化無法有大幅進展。

這一階段裏，稍有的少許成就應是在一九二七年至一九三七年之間的十年；也就是北伐完成到中日之戰發生之前的十年。短暫的統一局面促成交通建設的進展，鐵路公路里數的延增，全國銀幣的統一，海關稅則與內外公債之改革，西南、西北各省地下資源之調查，各級學校之擴增。 這些「成績」實在得之不易。 不幸的是， 繼之而來的二次世界大戰，以及戰後國共的內戰，中國現代化再次受到一次重大的挫折。總而言之，在這第三階段裏雖非一事無成，徬徨迷惑卻是不爭的事實。

四、第四階段: 海峽兩岸的消長

中國現代化的過程裏在一九四九年以後出現了兩個很顯著的對照: 國民黨執政下的臺灣由一個純農業社會發展成工業社會，由貧窮進而為富裕; 中國共產黨統治下的中國大陸，經濟仍停滯在貧窮落後的地步。這一階段的最大特色是國共雙方各自按其眼光與計畫展開其改革運動。三十餘年後，成敗的比較，顯而易見。另一特色則是政治領袖所扮演的角色之重要性，明示而突出。臺灣的中華民國政治精英在穩定的政治下執行一貫性的經濟發展計畫; 而中國大陸閉關自守，在短見的領導者統御下， 經歷不斷的鬥爭與苦難， 無論在經濟或政治上都缺乏可觀的成就。這些尖銳的對比，將詳細討論之。

綜觀中國自鴉片戰爭以來，將近一個半世紀的現代化努力始自於被動局部的西化洋務兵工，而演變到今日臺灣的工業化經濟與中國大陸的「四化」運動的努力。 我們可以預見現代化運動不會就此停頓， 它會持續發展，尤其最近這三十餘年海峽兩岸的經驗將成今後發展的指導方針。

第三節　中國大陸與臺灣比較問題

一九五〇年以後的中國是分裂為二的事實，中共控制了整個中國大陸，國民政府退居臺灣。這三十幾年來的發展毫無疑問地把兩邊的差距拉遠了。中國大陸在共產主義的控制下演變成一個高度控制的社會。這個社會的階級並非建立在財富的高低上，而是建立在政治權力的有無上。社會學理論的衝突論指出這種社會裏大致上可以分爲兩個階級：在上者爲有權勢的支配團體 (dominate group)，在下者爲無權勢的受支配團體 (subordinate group)。中國大陸的貧窮造成一個均貧的社會，故財富的累積差距不大，但是權勢則因個人在黨軍團體組織而獲得。在一個資源稀少的社會裏，權力支配資源的分配和財富的分配。因此，權力成爲社會階級的基因。臺灣的中國社會發展的方向是較傾向於資本主義自由競爭的方式，決定個人社會地位的因素可包括財富、教育、權力等多元因素。因此，個人社會地位昇遷的機會與途徑亦較多且開放。

二個基本問題是研究中國大陸與臺灣社會者常想探討的是：那些因素促成了這二個地區現代化程度的快慢？爲什麼臺灣現代化顯然比中國大陸來得成功？這二個問題其實是一個問題。同樣的人民，同樣的文化，爲什麼就發展成不同的社會進化。

在這一節裏，我們將把中國大陸和臺灣在過去三十幾年間發展經驗的異同性從現代化過程的觀點加以描述與比較。首先，讓我們看看兩地的共同特性。❷⑤

第一，國共雙方在一九四九年以後的經濟發展皆是一種計畫式的發展策略。雖然在計畫的目標與實行的方式上有相當大的差別，但是「經濟計畫」是國共雙方發展的策略是無可疑問的。

第二，國共雙方的經濟計畫皆始自一九五〇年代初期。中共的第一

---

❷⑤　本節摘自蔡文輝〈中共與臺灣現代化之比較〉，《世界日報》，民75年12月28日，頁28。另外，著者數年來在國內外報章雜誌所發表的有關海峽兩岸社會比較之論文將由臺北東大書局彙印成集，讀者可參考。

期五年計畫與臺灣的第一期四年計畫皆訂立於一九五三年。所以說，海峽兩岸的起跑時間是一樣的。

第三，國共雙方的發展計畫皆自農業著手，而且也自土地改革開始。以農業培養工業是雙方初期的重點。只不過大陸的方式較激進，且很快就放棄農業轉注重工業。

第四，國共雙方的發展計畫在初期完全是一種由上而下的計畫方式。也就是說，上面要怎麼做，計畫就怎麼訂，人民的參與微不足道。因此，在上者的眼光決定計畫內容與發展方式。

第五，國共雙方發展初期皆有外來的經濟和技術性援助。中共有蘇俄在一九五〇年代的經援，臺灣的美援則一直延續至一九六〇年代。

第六，國共雙方在內戰之後皆各有其擁有富強中國眼光的領袖。中共早期在毛澤東的領導下，是雄心萬丈地要把中國躋進世界強國之林；臺灣由蔣中正領導下的國民黨政府則有一種背水一戰的決心，以鞏固反共基地為優先的策略，亦有心發展臺灣成為三民主義的模範省。

但是上述這些相同點，其實還是很膚淺的。中共與臺灣之間的不同點之多且深，因而導致了雙方不同現代化效果。這些不同點包括下面幾項：

第一，政治體制的不同。臺灣與大陸這三十幾年來最大的一個不同點是政治穩定與否。臺灣的政治領導權力並未遭遇嚴重的挑戰，而且權力的轉移，由蔣中正而蔣經國，並非發生權力鬥爭，政治穩定。相反地，中共在大陸的政治領導權力與其轉移問題，高潮迭起。由毛澤東而劉少奇而林彪而華國鋒，以迄今日掌權的鄧小平，無不一一經過大風大浪。政治不穩定，導致大陸經濟發展計畫之缺乏一貫性，朝令夕改，這是大陸落後於臺灣的最大原因之一。

第二，管理人員素質之不同。我們這裏所稱的管理人員是指地方基層執行幹部素質的問題。因爲中央擬訂的計畫必須由地方基層幹部來負責執行，因此其素質之好壞影響發展之順利與否。中共在一九五〇年代初期，解放軍扮演了基層地方幹部的角色，雖然給大陸很快就帶來了穩定的統一局面。但是解放軍很多是敎育素質差的，他們安定地方秩序有餘，但推行地方建設則嫌不足。在大躍進時，中共地方幹部常以少報多，以爭功。近年來的四化運動卻又養成地方幹部以多報少的惡習，以飽私囊。這種矇瞞的作法，常誤導在上者的政策擬訂。在臺灣，日據時代就已訓練了一批有高度工作效率的地方官僚體系，而且幹部大多數皆有良好敎育。因此，在瞭解與執行政策上，相當成功。

第三，物理環境的差異。中國大陸地方大且人口多，以極少的資源難以完全滿足各地平均發展的需要。常有顧了東就顧不了西的困境；重點城市可能發展了，可是其他的卻顧不了。有限的資源限制了全面性的可能發展。臺灣雖然資源比大陸還少，但地方小且人口也較少，資源較能集中運用，由中央控制統一指揮和分配建設，較有效率。

第四，發展計畫的連貫性之不同。大致上來講，大陸近三十年來的發展是一種波浪型的。一下子搞大躍進，一下子又是農業學大寨、工業學大慶，沒有一定的方向。而臺灣倒是能按部就班的有一套長程的發展方向，因此亦較有成果。另外，跟這一點相關的是：中國大陸在解放後，先搞社會革命，剷除舊勢力，然卻忽略經濟革命的重要性。而臺灣則自始卽以經濟改革爲目標，社會改革則是後來的事；經濟掛帥的政治系統在臺灣是很突出的。

第五，人民工作意願的差異。中國大陸的社會主義政策要求資源與報酬全由國家統一支配。因此，一直到最近的經濟改革前，人民無機會得到應分享的報酬，亦無機會因財富而提高自己或家庭之社會地位，導致工作意願的低落，有大鍋飯吃就好了。但是在臺灣，個人的努力勤奮可改變個人本身與家庭之社會地位，工作意願自然高。這種工作意願的差別也是造成海峽兩岸不同原因之一。

第六，外援的不同運用。雖然中共和臺灣在初期皆有外援，但蘇俄對中共的外援停止得早，而且蘇俄實際上並沒有提供中共在發展期間所需要的經濟市場。相反地，在臺灣的美援至少具有兩種意義：一方面提供資金與技術，另一方面則提供一個龐大的市場。一九五〇和一九六〇年代的世界貿易對輕工業產品需求量大且少限制。臺灣的發展趕上了這個國際貿易時代，而中共當時是以重工業為主，沒趕上時代，坐失良機。雖然它在一九七〇年代開始發展輕工業並推廣外銷，卻已無當年之好時光。

第七，社會穩定因素之差異。中國大陸的十年文化大革命造成了社會巨大的動盪與人力的折磨，破壞了其早期辛苦獲得的一些成果。其負面效果一直到今天仍然存在。臺灣過去三十幾年間社會穩定對經濟發展有很大的貢獻。

從上面對臺海兩岸發展的比較，我們不難看出中共與臺灣在發展策略上之不同已造成了兩地發展結果之不同。中共今日所面臨的西化困擾問題其實與清朝末年張之洞、李鴻章等人所面臨的問題在性質上是一樣的。現代化運動既然是外來的運動，那麼自然而然會多少帶點西化運動的色彩。臺灣在過去三十幾年來雖然在初期尚有知識份子的中西文化論戰問題，但是在政府決策層次至少已無這傳統包袱。中共今日仍然處於革新派與保守派兩者之爭。鄧小平的「不管牠是黑貓還是白貓，只要是會吃老鼠的貓就行」事實上是很識時務的看法。只不過這隻會吃老鼠的貓不能是純種洋貓才能融合傳統與現代的特質，也才能為社會所接受。

第三世界國家，無一不以現代化的完成為其最終目標。但是到目前為止，處境大異。有些國家不僅現代化未完，反而造成國內局勢的不安；現代化的努力引進了破壞。例如，菲律賓就是一個例子。南越的淪於北越共黨之手也是可以從這角度來看。另外一些國家雖沒破壞，卻是停滯不前，例如：印度。只有極少數的國家可以說享受到現代化的正面成果：亞洲的四條小龍是極好的例子。從這些不同經驗的比較，我們應該可以找出現代化成敗之不同原因與特質的。

　　總而言之，東亞各國現代化發展經驗的比較是我國社會學者應該可以研究的好題目。至於中國大陸與臺灣社會結構與社會變遷的比較，以往由於海峽兩岸的隔離，不容易做，最近政府已有開放的跡象，未來雙方面學者的交換研究是可以預期的，這種比較研究將更具有重大意義。

附錄: 比較研究重要參考書目

Aarvo, L. Edward, ente Wold, Lasse Kannas, and Matti Rimpela
  1986 "Health Behavior in School Children: A WHO Cross-National Survey," *Health Promotion*, 1:1, pp. 17-33.
Adityanjee
  1986 "Suicide Attempts and Suicides in India: Cross-Cultural Aspects," *The International Journal of Social Psychiatry*, 32:2 (summer), pp. 64-73.
Adler, Nancy J., Robert Doctor, and S. Gordon Redding
  1986 "From the Atlantic to the Pacific Century: Cross-Cultural Management Reviewed," *Journal of Management*, 12:2 (summer), pp. 295-318.
Aldrich, Brian C.
  1987 "Problems and Strategies of Cross-National Research on Social Movements," American Sociological Association, 4602.
Axenroch, Joseph B.
  1983 "Social Class and Delinquency in Cross-Cultural Pespective," *Journal of Research in Crime and Delinquency*, 20:2 (July), pp. 164-182.
Barry, Herbert, and Alice Schiegel
  1986 "The Cultural Customs that Influence Sexual Freedom in Adolescence," *Ethnology*, 25:2 (April), pp. 151-162.
Berger, Brigitte
  1971 *Societies in Change: An Introduction to Comparative Sociology*, N.Y.: Basic Books.
Betzig, I. L.
  1982 "Despotism and Differential Reproduction: A Cross-Cultural Correlation of Conflict Asymmertry, Hierarchy, and Degree of Polygyny," *Ethology and Sociobiology*, 3:4, pp. 209-221.

Borg, Ingwer
1986 "A Cross-Cultural Replication on Elizur's Facets of Work Values," *Multivariate Behavioral Research,* 21:4 (Oct.), 401-410.

Bourhis, Richard Y.
1984 "Cross-Cultural Communication in Montreal; Two Field Studies since Bill 101," *International Journal of the Sociology of Language,* 46, pp. 33-47.

Branco, Kenneth J.
1986 "A Cross-National Analysis of Real Income Distributed to the Poorest Forty Percent of the Population," Dissertration Abstracts International. *A.: The Humanities and Social Sciences,* 47:4 (Oct.), 1506-A.

Brandt, M. E. and J.D. Boucher
1986 "Concepts of Depression in Emotion Lexicons of Eight Cultures," *International Journal of Intercultural Relations,* 10:3, pp. 321-346.

Campbell, Donald T. and Robert A. Levine
1961 "A Proposal for Cooperative Cross-Cultural Research on Ethnocentrism," *Journal of Conflict Resolution,* 5:1 (Mar.), pp. 82-108.

Carlsson, Marianne and Mina Barness
1986 "Conception and Self-Attribution of Sex-Role Behavior: A Cross-Cultural Comparison between Swedish and Kibbutz-Raised Israelian Children," *Scandinavian Journal of Psychology,* 27:3, pp. 258-265.

Chafetz, Janet Saltzman and Anthony Gary Dworkin
1987 "In the Face of Threat: Organized Antifeminism in Comparative Perspective," *Gender and Society,* 1:1 (Mar.), pp. 33-60.

Chalfant, H. Paul, Peter L. Heller and Yung-mei Tsai
1986 "Religion, Modernization, and Utilization of Western Health Care," *International Journal of Comparative Sociology,* 27:1-2, (Jan.-Apr.), pp. 101-109.

Chandler, Charles, Lee Singelman, and Yung-Mei Tsai
    1986 "The Division of Labor and Social Disorder: A Cross-National Test of a Durkheimian Interpretation," *International Journal of Comparative Sociology,* 27:3-4 (Sept-Dec), pp. 161-171.

Chang, Rosanna H. and Richard A. Dodder
    1983-4 "The Modified Purpose in Life Scale: A Cross-National Validity Study," *International Journal of Aging and Human Development,* 18:3, pp. 207-217.

Christensen, Harold T.
    1963 "Timing of First Pregnancy as a Factor in Divorce: A Cross-Cultural Analysis," *Eugenics Quarterly,* 10:3 (Sep.), pp. 119-130.

Christensen, Harold T.
    1962 "A Cross-cultural Comparison of Attitudes Toward Marital Infidelity," *International Journal of Comparative Sociology,* 3:1, (Sep.), pp. 124-137.

Clark, Clifford J.
    1987 "The Durkheimian Relationship between the Division of Labor Population: Cross-National Historical Evidence," *Sociological Focus,* 20:1 (Jan.), pp. 13-31.

Cohen, Nina
    1982 "Same or Different A Problem of Identity in Cross-Cultural Marriages," *Journal of Family Therapy,* 4:2 (May), pp. 177-199.

Cohen, Erik
    1986 "Sensuality and Venality in Bangkok: The Dynamics of Cross-Cultural Mapping of Prostitution," *International Sociological Association,* 4344.

Cohen, Erik
    1987 "Sensuality and Vernality in Bangkok: The Dynamics of Cross-Cultural Mapping of Prostitution," *Deviant Behavior,* 8:3, pp. 223-234.

Conklin, George H. and Miles E. Simpson

1985 "A Demographic Approach to the Cross-National Study of Homicide," *Comparative Social Research*, #8, pp. 171-185.

Connors, Sally J. and John B. Williamson

1986 "Public Pensions in the Third World," Society for the Study of Social Problems, 2521.

Connor, Desmond M.

1963 "The Cross-Cultural Diffusion of a Social Movement," *American Catholic Sociological Review*, 24:2, (summer), pp. 132-142.

Coreil, Jeannine and Patricia A. Marshall

1982 "Locus of Illness Control: A Cross-Cultural Study," *Human Organization*, 41:2 (summer), pp. 131-138.

De, Craemer Willy

1983 "A Cross-Cultural Perspective on Personhood," *Milbank Memorial Fund Quarterly/Health and Society*, 61:1 (winter), pp. 19-34,

Deutsch, Robert

1985 "A Cross-Cultural History of International Relations: Book Translations in the Twentieth Century," *Historical Social Research*, #36 (Oct.), pp. 3-41.

Dietz, Thomas, R. Scott Frey, and Linda Kalof

1987 "Estimation with Cross-National Data: Robust and Nonparametric Methods," *American Sociological Review*, 52:3 (June), pp. 380-390.

Edelstein, Alex S.

1983 "Communication and Culture: The Value of Comparative Studies," *Journal of Communication*, 33:3 (summer), pp. 302-310.

Eisenbruch, Maurice

1984 "Cross-Cultural Aspects of Bereavement 1: A Conceptual Framework for Comparative Analysis," *Culture, Medicine and Psychiatry*, 8:3 (Sept.), pp. 283-309.

Eisenstadt, S.N.

1965 *Essays on Comparative Institutions*, N.Y.: John Wiley.

1971 *essays on Comparative Institutions*, N.Y.: John Wiley & Sons.

Elling, Ray H.

1986 "Are Health Systems Becoming More Socialized?" *Contemporary Sociology*, 15:6 (Nov.), pp. 826-828.

Ertler, Wolfgang, Hannes Schmidl, Johannes, and Helmut Winsterberger

1987 "The Social Dimensions of Health and Health Care: An International Comparison," *Research in the Sociology of Health Care*, #5, pp. 1-62.

Eysenck, Sybil B.G.

1983 "One Approach to Cross-Cultural Studies of Personality," *Australian Journal of Psychology*, 35:3 (Dec.), pp. 381-391.

Eyton, June and Gertrud Neuwirth

1984 "Cross-Cultrual Validity: Ethnocentrism in Health Studies with Special Reference to the Vietnamese," *Social Science and Medicine*, 18:5, pp. 447-453.

Faunce, William A. and William H. Form, eds.

1969 *Comparative Perspectives on Industrial Society*, Boston: Little, Brown.

Field, Mark G.

1986 "Comparative Health Systems: The Role of Universal and Particular Factors," International Sociological Association, 4454.

Friedland, Roger and Jimy Sanders

1986 "Private and Social Wage Expansion in the Advanced Market Economics," *Theory and Society*, 15:1-2, pp. 193-222.

Gaulin, Steven and James Boster

1985 "Cross-Cultural Differences in Sexual Dimorphism: Is there Any Variance to be Explained," *Ethology and Sociobiology*, 6:4, pp. 219-225.

Gomez, Mejia Louis R.

1986 "The Cross-Cultural Structure of Task-Related and

Contextual Constructs," *The Journal of Psychology,* 120:1 (Jan.), pp. 5-19

Goode, William J.

1963 *World Revolution and Family Patterns,* N.Y.: Free Press.

Goodman, Patsy G.

1979 "Effect of Family Structure on the Mental Health of the Aged: A Cross-Cultural Comparison of Suicide Rates among the Aged," Southwestern Sociological Association, 1303.

Gorden, Raymond L.

1984 "Urban Social Cohesion: One Cross-Cultural Comparison," North Central Sociological Association, 1054.

Gray, J. Patrick

1987 "Do Women Have Higher Social Status in Hunting Societies Without High Gods?" *Social Forces,* 65:4 (June), pp. 1121-1131.

Green, Sara, Thomas Rich, and Edgar Nesman

1985 "A Cross-Cultural Look at the Relationship between Age and Innovative Behavior," *International Journal of Aging and Human Development,* 21:4, pp. 255-266.

Gullahorn, John T. and Jeanne E. Gullahorn

1962 "Visiting Fulbright Professors as Agents of Cross-Cultural Communication," *Sociology and Social Research,* 46:3, (Apr.) pp. 282-293.

Hamilton, Gary G.

1984 "Configuration in History: The Historical Sociology of S.N. Eisenstadt", pp. 85-128 in Thoda Skocpol, ed., *Vision and Method in Historical Sociology,* N.Y.: Cambridge University Press.

Hartmann, Juergen E.

1986 "Interdisciplinary Approaches in Comparative Youth Research," International Sociological Association, 4549.

Hartung, John

1985 "Matrilineal Inheritance: New Theory and Analysis,"

The Behavioral and Brian Sciences, 8:4 (Dec.), pp. 661–670.

Hendin, Herbert
  1987, "Youth Suicide: A Psychosocial Perspective," *Suicide and Life—Threatening Behavior*, 17:2 (summer), pp. 151–165.

Herzog, John D.
  1962 "Eliberate Instruction and Household Structure: A Cross-Cultural Study," *Harvard Education Review*, 32:3 (summer), pp. 301–342.

Hickey, Tom, Kathryn Dean, and Bjorn E. Holstein
  1986 "Emerging Trends in Gerontology and Geriatrics: Implications for the Self-Care of the Elderly," *Social Science and Medicine*, 23:12, pp. 1363–1369.

Ho, David Y.F.
  1985 "Prejudice, Colonialism, and Interethnic Relations: An East-West Dialogue," *Journal of Asian and African Studies*, 20: 3-4, (July-Oct.), pp. 218–231.

Hodgkin, Mary C.
  1963 "The Role of Kinship and Authority Patterns in the Cross-Cultural Education of Asian Students," *Sociology of Education*, 37:1, (fall), pp. 71–89.

Hoffman, Louis Walds
  1987 "The Value of Children to Parents and Childrearing Patterns," *Social Behavior*, 2:3 (Sept.), pp. 123–141.

Horowitz, Irving Louis
  1972 *Three Worlds of Development*, N.Y.: Oxford University Press.

Hui, C. Harry and Arry C. Triandis
  1986 "Individualism-Collectivism: A Study of Cross-Cultural Researchers,' *Journal of Cross-Cultural Psychology*, 17:2, (June), pp. 225–248.

Hwang, Kwang-kuo
  1987 "Face and Favor: The Chinese Power Game," *American*

Journal Sociology, 92:4, (Jan.), 944-974.

Hupka, Ralph B. et al.

1985 "Romantic Jealousy and Romantic Envy: A Seven-Nation Study," *Journal of Cross-Cultural Psychology,* 16:4 (Dec.), pp. 423-446.

Ikegami, Eiko

1987 "Tokugawa Prison: Reform and Ideology, with Some Comparative Implications," American Sociological Association, 4344.

Ikulowski, Pomorski, Jerzy

1986 "Global Situation in Communication and Privatisation of Reception; The Case of Viedo," International Sociological Association, 4852.

Irvine, Judith T.

1982 "Language and Affect: Some Cross-Cultural Issues," *Georgetown University Round Table On Language and Linguistics,* pp. 31-47.

Jecchinis, Chris

1985 "Lower Level Workers' Participation in Management: Cross-National Experience and New Trends," *Crossroad,* #18, pp. 23-32.

Jensen, Gordon D. and Fredericka B. Oakley

1982-3 "Ageism across Cultures and in Perspective of Sociobiologic and Psychodynamic Theories," *International Journal of Aging and Human Development,* 15:1, pp. 17-26.

Jules, Rosette, Bennetta

1986 "The Dual Vision: Insights and Applications of Cross-Cultural Research," *The Journal of Negro Education,* 55:2, (spring), pp. 125-141.

Kamphorst, T. J. and L. Hantrais,

1986 "Cultural Participation: An International Comparison," International Sociological Association, 4647.

Katz, Yaacov and Mati Ronen

1986 "A Cross-Cultural Validation of the Sonservatism Scale in a Multi-Ethnic Society: The Case of Israel," *Journal of Social Psychology*, 126:4 (Aug.), pp. 555-557.

Kick, Edward L. and Gary D. LaFree
1985 "Development and the Social Contest of Murder and Theft," *Comparative Social Research*, #8, pp. 37-57.

Koester, Susan Platt Hinckley
1986 "A Cross-Cultural Comparison of Friendship between Women," Dissertation Abstracts International, *A: The Humanities and Social Sciences*, 47:1 (July), 20-A.

Kuechler, Manfred
1986 "The Utility of Surveys for Cross-National Research," International Sociological Association, 4714.

Lambert, William W. and Rita Weisbrod, eds.
1969 *Comparative Perspectives on Social Psychology*, Boston: Little, Brown.

Lazarus, Ellen S. and Gregory Pappas
1986 "Categories of Thought and Critical Theory: Anthropology and the Social Science of Medicine," *Medical Anthropology Quarterly*, 17:5 (Nov,), pp. 136-137.

Leavitt, Gregory C.
1985 "Ideology and the Materialist Model to General Evolution: A Cross-Cultural Test of Subsystem Relationships," *Social Forces*, 65:2 (Dec.), pp. 525-553.

Lefley, Harriet P.
1985 "Impact of Cross-Cultural Training on Black and White Mental Health Professionals," *International Journal of Intercultural Relations*, 9:3, pp. 305-318.

Lessa, William A. and Evan Z. Vogt, eds.
1965 *Readers in Comparative Religion: An Anthropological Approach*, N.Y.: Harper & Row.

Lester, David
1987 "National Correlations among Religion, Suicide and Homicide," *Sociology and Social Research*, 71:2 (Jan.), pp.

103-104.

Levine, Robert V.

1985 "Social Time and the Pace of Life on Four Continents," *Social Science Newsletter,* 70:2 (summer), pp. 71-76.

Lisle, Edmond A.

1985 "Validation in the Social Sciences by International Comparison," *International Social Science Journal,* 37:1, pp. 19-29.

Listhaug, Ola

1986 "War and Defence Attitudes: A First Look at Survey Data from 14 Countries," *Journal of Peace Research,* 23:1 (Mar.), pp. 69-76.

Little, Angela

1987 "Attributions in a Cross-Cultural Context," *Genetic, Social, and General Psychology Monographs,* 113:1 (Feb.), pp. 63-79.

Liu, Juanita C., Pauline J. Sheldon, and Turput Var

1987 "Resident Perception of the Environmental Impacts of Tourism," *Annals of Tourism Research,* 14:1, pp. 17-37.

Locke, Ralph G. and Edward F. Kelly

1985 "A Preliminary Model for the Cross-Cultural Analysis of Altered States of Consciousness," *Ethos,* 13:1 (spring), pp. 3-55.

Lundstedt, Steven

1963 "An Introduction to Some Evolving Problems in Cross-Cultural Research," *Journal of Social Issues,* 19:3 (July), pp. 1-9.

Marsh, Robert M.

1967 *Comparative Sociology'* N.Y.: Hercourt, Brace & World.

Martinez, Brawley Emilia E.

1986 "The Role of Social Work in Integrated Rural Development: International Illustrations from Industrial Nations," *Social Development Issues,* 10:1 (spring), pp. 28-40.

Menard, Scott
　　1986 "A Research Note on International Comparisons of Inequality of Income," *Social Forces,* 64:3 (Mar.), pp. 778-793.

Munroe, Ruth H., Robert L. Munroe, and Harold S. Shimmin
　　1984 "Children's Work in Four Cultures: Determinants and Consequences," *American Anthropologist,* 86:2 (June), pp. 369-379.

Nagpaul, P. S. and V.S.R. Krishnaiah
　　1986 "Dimensions of Research Planning: Comparative Study of Research Units in Six Countries," International Sociological Association, 4909.

Nagpaul, P.S. and S. P. Gupta
　　1986 "Effect of Situational Factors on Intra-Group Collaboration and Performance: A Cross-National Study of Research Units," International Sociolological Association, 4908.

Nagpaul, P.S. and S.P. Gupta
　　1986 "Effect of Professional Competence: Managerial Role and Status of Group Leaders on R&D Performance," International Sociological Association, 4907.

Nedetei, D.M. and A. Vadher
　　1985 "Cross-Cultural Study of Religious Phenomenology in Psychiatric in-Patients," *Acta Psycihatrica Scandinavica,* 72:1 (July), pp. 59-62.

Nichols, Elizabeth
　　1986 "Skocpol on Revolution; Comparative Analysis vs. Historical Conjuncture," *Comparative Social Research,* ♯9, pp. 163-186.

Oddou, Gary and Mark Mendenhall
　　1984 "Person Perception in Cross-Cultural Settings: A Review of Cross-Cultural and Related Cognitive Literature," *International Journal of Intercultural Relations,* 8:1, pp. 77-96.

Palmore, Erdman B.

　　1983 "Cross-Cultural Research: State of the Art," *Research on Aging*, 5:1 (Mar.), pp. 45-57.

Pampel, Fred C. and John B. Williamson

　　1985 "Age Structure, Politics, and Cross-National Patterns of Public Pension Expenditures," *American Sociological Review*, 50:6 (Dec.), pp. 782-799.

Pampel, Fred C. and Kazuko Tanaka

　　1986 "Economic Development and Female Labor Force Participation: A Reconsideration," *Social Forces*, 64:3, (Mar.), pp. 599-619.

Parsons, Talcott

　　1966 *Societies: Evolutionary and Comparative Perspectives*, Englewood Cliffs, N. J.: Prentice-Hall.

　　1971 *The System of Modern Societies*, Englewood Cliffs, N.J.: Prentice-Hall.

　　1971 "Comparative Studies and Evolutionary Change," in Ivan Vallier, ed., *Comparative Methods in Sociology*, Berkeley: University of California Press, pp. 97-139.

Pearsall, Marion

　　1960-61 "A Model for the Analysis of Cross-Cultural Action Programs," *Human Organization*, 19:4, (winter), pp. 212-215.

Plotnicov, Leonard and Arthur Tuden, eds.,

　　1970 *Essays on Comparative Social Stratification*, Pittsburgh: University of Pittsburgh Press.

Polgar, Steven

　　1963 "Health Action in Cross-Cultural Perspective," in *Handbook of Medical Sociology*, pp. 397-420, eds., by H.E. Freeman and L.G. Reeder, Englewood Cliffs, N.J.: Prentice-Hall.

Prince, Raymond and Laroche Francoise Tcheng

　　1987 "Culture-Bound Syndromes and International Disease Classifications," *Culture, Medicine and Psychiatry*, 11:1

(Mar.), pp. 3-19.

Ragin, Charles and Daniel Chirot

1984 "The World System of Immanuel Wallerstein: Sociology and Politics as History", pp. 276-312 in Theda Skocpol, ed., *Vision and Method in Historical Sociology*, N.Y.: Cambridge University Press.

Reiss, Ira L.

1986 "A Sociological Journal into Sexuality," *Journal of Marriage and the Family,* 48:2 (May), pp. 233-242.

Riordan, James

1985 "Some Comparisons of Women's Sport in East and West," *International Review for the Sociology of Sport,* 20:1-2, pp. 117-126.

Rohner, Ronald P.

1984 "Toward a Conception of Culture for Cross-Cultural Psychology," *Journal of Cross-Cultural Psychology*, 15:2 (June), pp. 111-138.

Rosenthal, Marylinn M. and Deborah Frederick

1987 "Physician Maldistribution in Cross-Cultural Perspective: United States, United Kingdom, Sweden and the People's Republic of China," *Research in the Sociology of Health Care,* #5, pp. 101-136.

Ross, Marc Howard

1983 "Political Decision Making and Conflict: Additional Cross-Cultural Codes and Scales," *Ethnology,* 222(April), pp. 169-192.

Ross, Marc Howard

1986 "Female Political Participation: A Cross-Cultural Explanation," *American Anthropologist,* 88:4 (Dec.), pp. 843-858.

Roos, Patricia A.

1983 "Marriage and Women's Occupational Attainment in Cross-Cultural Perspective," *American Sociological Review,* 48:6 (Dec.), pp. 852-864.

Ross, Marc Howard

1981 "Socioeconomic Complexity, Socialization, and Political Differentiation; A Cross-Cultural Study," *Ethos,* 9:3 (fall) pp. 217-247.

Roth, Guenther

1971 "Comparative Approach and Historical Typology," pp. 75-96 in Ivan Vallier, ed., *Comparative Methods in Sociology,* Berkeley: University of California Press.

Rueschemeyer, Dietrich

1984 "Theoretical Generalization and Historical Particularity in the Comparative Sociology of Reinhard Bendix," pp. 129-169 in Theda Skocpol, eds., *Vision and Method in Historical Sociology,* N.Y.: Cambridge University Press.

1986 "Comparing Legal Professions Cross-Nationally: From a Professions-Centered to a State-Centered Approach," #3, (summer), pp. 415-446.

Saberwal, Satish

1986 "Comparative Study of Process over the Very Long Term: An Asian eed," International Sociological Association, 5076.

Salomon, Gavriel

1985 "The Study of Television in a Cross-Cultural Context," *Journal of Cross-Cultural Psychology,* 16:3 (Sept.), pp. 381-397.

Saunders, Peter

1986 "What can We Learn from International Comparisons of Public Sector Size and Economic Performance," *European Sociological Review,* 2:1 (May), pp. 52-60.

Segall, Marshall H.

1986 "Culture and Behavior: Psychology in Global Perspective," *Annual Review of Psychology,* #37, pp. 523-564.

Shamir, Boas and Amos Drory

1981 "A Study of Cross-Cultural Differences in Work Attitudes among Three Groups of Israeli Prison Employees," *Journal of Occupational Behavior,* 2:4 (Oct.), pp. 267-282.

Shirley, Robert W. and A. Kimball Romney
1962 "Love Magic and Socialization Anxiety: A Cross-Cultural Study," *American Anthropology,* 64: 5 (Oct), pp. 1028-1031.

Siegman, Aron W.
1961 "A Cross-Cultural Investigation of the Relationship between Ethnic Prejudice, Authoritarian Ideology, and Personality," *Journal of Abnormal and Social Psychology,* 63:3 (Nov.), pp. 654-655.

Sirowy, Larry and Aaron Benavol
1986 "Higher Education in an Era of Equality: A Cross-National Study of Institutional Differentiation on the Tertiary Level," *Research in Sociology of Education and Socialization,* #6, pp. 1-43.

Slater, Paul B.
1981 "Comparisons of Aggregation Procedures for Interaction Data: An Illustration Using a College Student International Flow Table," *Socio-Economic Planning Sciences,* 15:1, pp. 1-8.

Slomczynski, Kazimierz M. and Tadeusz Krauze
1986 "Meritocratic Relationship between Formal Education and Occupational Status: A Cross-National Analysis," International Sociological Association, 5167.

Smelser, Neil J.
1976 Comparative Methods in the Social Sciences, Englewood Cliffs, N.J.: Prentice-Hall.

Smith, Dennis
1984 "Discovery Facts and Values: The Historical Sociology of Barrington Moore," pp. 313-355 in Theda Skocpol, ed., *Vision and Method in Historical Sociology,* N.Y.: Cambridge University Press.

Smolicz, J.J.
1983 "Meaning and Values in Cross-Cultural Contacts",

Ethnic and Racial Studies, 6:1 (Jan.), pp. 33-49.

Soe, Christian

1988 *Comparative Politics,* 88/89, Guilford, Conn., The Dushkin.

Stanislav, Andreski

1969 *The Use of Comparative Sociology,* Berkeley: University of California Press.

Stephens, William N.

1962 *The Oedipus Complex: Cross-Cultural Evidence,* N.Y.: The Free Press.

Stoetzel, Jean

1986 "Daily Newspaper Reading in France," *Society and Leisure,* 9:2 (fall), pp. 403-429.

Stinchcomb, Arthur L.

1978 *Theoretical Methods in Social History,* N.Y.: Academic Press.

Strayer, Joseph R.

1958 "The State and Religion: An Exploratory Comparison in Different Cultures," *Comparative Studies in Society and History,* 1:1 (Oct.), pp. 38-43.

Swanson, Guy E.

1971 "Frameworks for Comparative Research: Structural Anthropology and the Theory of Action," in Van Vallier, ed., *Comparative Method in Sociology: Essays on Trends and Applications,* Berkeley: University of California Press.

Szalai, Julia

1986 "Inequalities in Access to Health Care in Hungary," *Social Science and Medicine,* 22:2, pp. 135-140.

Taylor, Marylee C. and Michael P. Johnson

1986 "Strategies for Linking Individual Psychology and Social Structure: Interdisciplinary and Cross-Disciplinary Social Psychology," *British Journal of Social Psychology,* 25:3 (Sept.), pp. 181-192.

Trommsdorff, Gisela

1986 "Value Change and Socialization of Values—A Comparative View International Sociological Association, 5258.

Tsai, Wen-hui

1973 "Emile Durkheim and Comparative Sociology," *Chinese Journal of Sociology*, No. 2 (Dec.), pp. 75-90.

Tumin, Melvin M.

1969 *Comparative Perspectives on Race Relations*, Boston: Little, Brown.

Vallier, Ivan, ed.

1971 *Comparative Method in Sociology: Essays on Trends and Applications*, Berkeley: University of California Press.

Verschueren, Jef.

1984 "Review Article: Linguistics and Cross-Cultural Communication Language in Society, 13:4 (Dec.), pp.489-509.

Wallace, Michael, Ronald L. Japperson

1986 "Class Structure and Political Culture: Evaluations of Key Political Groups in Eight Western Capitalist Nations," *Research in Social Stratification and Mobility*, #5, pp. 321-361.

Wallbott, Harald G. and Klaus R. Scherer

1986 "How Universal and Specific is Emotional Experience? Evidence from 27 Counties on Five Continents," *Social Science Information*, 25:4 (Dec.), pp. 763-795.

Warner, R. Stephen

1971 "The Methodology of Marx's Comparative Analysis of Modes of Production," in Ivan Vallier, ed., *Comparative Methods in Sociology*, Berkeley: University of California Press.

Warwick, Donald P. and Samuel Osherson

1973 *Comparative Research Methods*, Englewood Cliffs, N.J.: Prentice-Hall.

Wertz ,Dorothy C. and John C. Fletcher

1987 Medical Geneticists Confront Ethical Dilemmas: Cross-

Cultural Comparisons among Eighteen Nations," Society for Study of Social Problems, 2680.

Wertz, Dorothy C., John C. Fletcher, and Kare Berg

1987 "Ethics and Human Genetics: A Cross-Cultural Survey in Eighteen Nations," American Sociological Association, 4580.

Westermeyer, Joseph

1985 "Psychiatric Diagnosis across Cultural Boundaries," The American Journal of Psychiatry, 142:7 (July), pp. 798-805.

Wilheim, Diane Zior

1984 "A Cross-Cultural Analysis of Drinking Behavior within the Context of International Business," Studies in Third World Societies, 28, (June), pp. 73-88.

World Bank

1978 World Development Report, N.Y.: Cambridge University Press.

Yahya, Hasan A.

1986 "Secularization and Tradition in Four Arab Countries: A Comparative Content Analysis of Reading Textbooks," American Journal of Islamic Social Sciences, 3:2 (Dec.), pp. 299-307.

Younng, Kathleen M.

1986 "The Politics of Pension Policy: The Belgian Case in Comparative Perspective," Dissertation Abstracts International, A: The Humanities and Social Sciences, 47:5 (Nov.), pp. 1898-1899.

Zern, David S. and George W. Stern

1986 "A Cross-Cultural Survey of the Effects of Anxiety on the Relationships between Childrearing and Cognition," Genetic, Social and General Psychology Monographs, 112:2 (May), pp. 219-243.

書　　　　　名	作　　者	類　　　　別
文 學 欣 賞 的 靈 魂	劉 述 先	西 洋 文 學
西 洋 兒 童 文 學 史	葉 詠 琍	西 洋 文 學
現 代 藝 術 哲 學	孫 旗 譯	藝 術
音 樂 人 生	黃 友 棣	音 樂
音 樂 與 我	趙 琴	音 樂
音 樂 伴 我 遊	趙 琴	音 樂
爐 邊 閒 話	李 抱 忱	音 樂
琴 臺 碎 語	黃 友 棣	音 樂
音 樂 隨 筆	趙 琴	音 樂
樂 林 蓽 露	黃 友 棣	音 樂
樂 谷 鳴 泉	黃 友 棣	音 樂
樂 韻 飄 香	黃 友 棣	音 樂
樂 圃 長 春	黃 友 棣	音 樂
色 彩 基 礎	何 耀 宗	美 術
水 彩 技 巧 與 創 作	劉 其 偉	美 術
繪 畫 隨 筆	陳 景 容	美 術
素 描 的 技 法	陳 景 容	美 術
人 體 工 學 與 安 全	劉 其 偉	美 術
立 體 造 形 基 本 設 計	張 長 傑	美 術
工 藝 材 料	李 鈞 棫	美 術
石 膏 工 藝	李 鈞 棫	美 術
裝 飾 工 藝	張 長 傑	美 術
都 市 計 劃 概 論	王 紀 鯤	建 築
建 築 設 計 方 法	陳 政 雄	建 築
建 築 基 本 畫	陳 榮 美　楊 麗 黛	建 築
建 築 鋼 屋 架 結 構 設 計	王 萬 雄	建 築
中 國 的 建 築 藝 術	張 紹 載	建 築
室 內 環 境 設 計	李 琬 琬	建 築
現 代 工 藝 概 論	張 長 傑	雕 刻
藤 竹 工	張 長 傑	雕 刻
戲 劇 藝 術 之 發 展 及 其 原 理	趙 如 琳 譯	戲 劇
戲 劇 編 寫 法	方 寸	戲 劇
時 代 的 經 驗	汪 琪　彭 家 發	新 聞
大 眾 傳 播 的 挑 戰	石 永 貴	新 聞
書 法 與 心 理	高 尚 仁	心 理

滄海叢刊已刊行書目 (七)

書　　　　名	作　者	類　　，　別
印度文學歷代名著選(上)(下)	糜文開編譯	文　　　　學
寒　山　子　研　究	陳　慧　劍	文　　　　學
魯　迅　這　個　人	劉　心　皇	文　　　　學
孟　學　的　現　代　意　義	王　支　洪	文　　　　學
比　　較　　詩　　學	葉　維　廉	比　較　文　學
結　構　主　義　與　中　國　文　學	周　英　雄	比　較　文　學
主　題　學　研　究　論　文　集	陳鵬翔主編	比　較　文　學
中　國　小　說　比　較　研　究	侯　　　健	比　較　文　學
現　象　學　與　文　學　批　評	鄭　樹　森編	比　較　文　學
記　　號　　詩　　學	古　添　洪	比　較　文　學
中　美　文　學　因　緣	鄭　樹　森編	比　較　文　學
文　　學　　因　　緣	鄭　樹　森	比　較　文　學
比　較　文　學　理　論　與　實　踐	張　漢　良	比　較　文　學
韓　非　子　析　論	謝　雲　飛	中　國　文　學
陶　淵　明　評　論	李　辰　冬	中　國　文　學
中　國　文　學　論　叢	錢　　　穆	中　國　文　學
文　　學　　新　　論	李　辰　冬	中　國　文　學
離　騷　九　歌　九　章　淺　釋	繆　天　華	中　國　文　學
苕　華　詞　與　人　間　詞　話　述　評	王　宗　樂	中　國　文　學
杜　甫　作　品　繫　年	李　辰　冬	中　國　文　學
元　曲　六　大　家	應　裕　康王　忠　林	中　國　文　學
詩　經　研　讀　指　導	裴　普　賢	中　國　文　學
迦　陵　談　詩　二　集	葉　嘉　瑩	中　國　文　學
莊　子　及　其　文　學	黃　錦　鋐	中　國　文　學
歐　陽　修　詩　本　義　研　究	裴　普　賢	中　國　文　學
清　真　詞　研　究	王　支　洪	中　國　文　學
宋　儒　風　範	董　金　裕	中　國　文　學
紅　樓　夢　的　文　學　價　值	羅　　盤	中　國　文　學
四　說　論　叢	羅　　盤	中　國　文　學
中　國　文　學　鑑　賞　舉　隅	黃　慶　萱許　家　鸞	中　國　文　學
牛　李　黨　爭　與　唐　代　文　學	傅　錫　壬	中　國　文　學
增　訂　江　皋　集	吳　俊　升	中　國　文　學
浮　士　德　研　究	李　辰　冬譯	西　洋　文　學
蘇　忍　尼　辛　選　集	劉　安　雲譯	西　洋　文　學

滄海叢刊已刊行書目 (六)

書　　　　名	作　　　者	類	別
卡薩爾斯之琴	葉石濤	文	學
青囊夜燈	許振江	文	學
我永遠年輕	唐文標	文	學
分析文學	陳啟佑	文	學
思想起	陌上塵	文	學
心酸記	李喬	文	學
離訣	林蒼鬱	文	學
孤獨園	林蒼鬱	文	學
托塔少年	林文欽編	文	學
北美情逅	卜貴美	文	學
女兵自傳	謝冰瑩	文	學
抗戰日記	謝冰瑩	文	學
我在日本	謝冰瑩	文	學
給青年朋友的信 (上)(下)	謝冰瑩	文	學
冰瑩書柬	謝冰瑩	文	學
孤寂中的廻響	洛夫	文	學
火天使	趙衛民	文	學
無塵的鏡子	張默	文	學
大漢心聲	張起鈞	文	學
回首叫雲飛起	羊令野	文	學
康莊有待	向陽	文	學
情愛與文學	周伯乃	文	學
湍流偶拾	繆天華	文	學
文學之旅	蕭傳文	文	學
鼓瑟集	幼柏	文	學
種子落地	葉海煙	文	學
文學邊緣	周玉山	文	學
大陸文藝新探	周玉山	文	學
累廬聲氣集	姜超嶽	文	學
實用文纂	姜超嶽	文	學
林下生涯	姜超嶽	文	學
材與不材之間	王邦雄	文	學
人生小語 (一)(二)	何秀煌	文	學
兒童文學	葉詠琍	文	學

滄海叢刊已刊行書目 (四)

書　　　名	作　　者	類	別
歷　史　圈　　　外	朱　　　桂	歷	史
中　國　人　的　故　事	夏　雨　人	歷	史
老　　　　臺　　　灣	陳　冠　學	歷	史
古　史　地　理　論　叢	錢　　　穆	歷	史
秦　　　漢　　　史	錢　　　穆	歷	史
秦　漢　史　論　稿	刑　義　田	歷	史
我　這　半　生	毛　振　翔	歷	史
三　生　有　幸	吳　相　湘	傳	記
弘　一　大　師　傳	陳　慧　劍	傳	記
蘇　曼　殊　大　師　新　傳	劉　心　皇	傳	記
當　代　佛　門　人　物	陳　慧　劍	傳	記
孤　兒　心　影　錄	張　國　柱	傳	記
精　忠　岳　飛　傳	李　　　安	傳	記
八　十　憶　雙　親 師　友　雜　憶　合刊	錢　　　穆	傳	記
困　勉　強　狷　八　十　年	陶　百　川	傳	記
中　國　歷　史　精　神	錢　　　穆	史	學
國　　史　　新　　論	錢　　　穆	史	學
與西方史家論中國史學	杜　維　運	史	學
清　代　史　學　與　史　家	杜　維　運	史	學
中　　國　　文　　字　　學	潘　重　規	語	言
中　　國　　聲　　韻　　學	潘　重　規 陳　紹　棠	語	言
文　學　與　音　律	謝　雲　飛	語	言
還　鄉　夢　的　幻　滅	賴　景　瑚	文	學
葫　蘆　・　再　見	鄭　明　娳	文	學
大　地　之　歌	大　地　詩　社	文	學
青　　　　　　　　春	葉　　　蟬　　　貞	文	學
比　較　文　學　的　墾　拓　在　臺　灣	古　添　洪 陳　慧　樺　主編	文	學
從　比　較　神　話　到　文　學	古　添　洪 陳　慧　樺	文	學
解　構　批　評　論　集	廖　炳　惠	文	學
牧　場　的　情　思	張　媛　媛	文	學
萍　踪　憶　語	賴　景　瑚	文	學
讀　書　與　生　活	琦　　　君	文	學

滄海叢刊已刊行書目 (三)

書　　名	作　　者	類	別
不　疑　不　懼	王　洪　鈞	教	育
文　化　與　教　育	錢　穆	教	育
教　育　叢　談	上官業佑	教	育
印　度　文　化　十　八　篇	糜　文　開	社	會
中　華　文　化　十　二　講	錢　穆	社	會
清　代　科　舉	劉　兆　璸	社	會
世界局勢與中國文化	錢　穆	社	會
國　　家　　論	薩　孟　武　譯	社	會
紅樓夢與中國舊家庭	薩　孟　武	社	會
社會學與中國研究	蔡　文　輝	社	會
我國社會的變遷與發展	朱岑樓主編	社	會
開　放　的　多　元　社　會	楊　國　樞	社	會
社會、文化和知識份子	葉　啓　政	社	會
臺灣與美國社會問題	蔡文輝 蕭新煌主編	社	會
日　本　社　會　的　結　構	福武直著 王世雄譯	社	會
三十年來我國人文及社會科學之回顧與展望		社	會
財　　經　　文　　存	王　作　榮	經	濟
財　　經　　時　　論	楊　道　淮	經	濟
中國歷代政治得失	錢　穆	政	治
周　禮　的　政　治　思　想	周　世　輔 周　文　湘	政	治
儒　家　政　論　衍　義	薩　孟　武	政	治
先　秦　政　治　思　想　史	梁啓超原著 賈馥茗標點	政	治
當　代　中　國　與　民　主	周　陽　山	政	治
中　國　現　代　軍　事　史	劉馥著 梅寅生譯	軍	事
憲　　法　　論　　集	林　紀　東	法	律
憲　　法　　論　　叢	鄭　彥　棻	法	律
師　友　風　義	鄭　彥　棻	歷	史
黃　　　帝	錢　穆	歷	史
歷　史　與　人　物	吳　相　湘	歷	史
歷　史　與　文　化　論　叢	錢　穆	歷	史

滄海叢刊已刊行書目 (二)

書　名	作　者	類　別		
語　言　哲　學	劉　福　增	哲		學
邏　輯　與　設　基　法	劉　福　增	哲		學
知識・邏輯・科學哲學	林　正　弘	哲		學
中　國　管　理　哲　學	曾　仕　強	哲		學
老　子　的　哲　學	王　邦　雄	中	國　哲	學
孔　學　漫　談	余　家　菊	中	國　哲	學
中　庸　誠　的　哲　學	吳　　怡	中	國　哲	學
哲　學　演　講　錄	吳　　怡	中	國　哲	學
墨　家　的　哲　學　方　法	鐘　友　聯	中	國　哲	學
韓　非　子　的　哲　學	王　邦　雄	中	國　哲	學
墨　家　哲　學	蔡　仁　厚	中	國　哲	學
知　識　、理　性　與　生　命	孫　寶　琛	中	國　哲	學
逍　遙　的　莊　子	吳　　怡	中	國　哲	學
中國哲學的生命和方法	吳　　怡	中	國　哲	學
儒　家　與　現　代　中　國	韋　政　通	中	國　哲	學
希　臘　哲　學　趣　談	鄔　昆　如	西	洋　哲	學
中　世　哲　學　趣　談	鄔　昆　如	西	洋　哲	學
近　代　哲　學　趣　談	鄔　昆　如	西	洋　哲	學
現　代　哲　學　趣　談	鄔　昆　如	西	洋　哲	學
現　代　哲　學　述　評 (一)	傅　佩　榮譯	西	洋　哲	學
懷　海　德　哲　學	楊　士　毅	西	洋　哲	學
思　想　的　貧　困	韋　政　通	思		想
不　以　規　矩　不　能　成　方　圓	劉　君　燦	思		想
佛　學　研　究	周　中　一	佛		學
佛　學　論　著	周　中　一	佛		學
現　代　佛　學　原　理	鄭　金　德	佛		學
禪　話	周　中　一	佛		學
天　人　之　際	李　杏　邨	佛		學
公　案　禪　語	吳　　怡	佛		學
佛　教　思　想　新　論	楊　惠　南	佛		學
禪　學　講　話	芝峯法師譯	佛		學
圓　滿　生　命　的　實　現 （布　施　波　羅　蜜）	陳　柏　達	佛		學
絕　對　與　圓　融	霍　韜　晦	佛		學
佛　學　研　究　指　南	關　世　謙譯	佛		學
當　代　學　人　談　佛　教	楊　惠　南編	佛		學

滄海叢刊已刊行書目 (一)

書　　名	作　者	類　　別
國父道德言論類輯	陳　立　夫	國　父　遺　教
中國學術思想史論叢 (一)(二)(三)(四)(五)(六)(七)(八)	錢　　穆	國　　　　學
現 代 中 國 學 術 論 衡	錢　　穆	國　　　　學
兩 漢 經 學 今 古 文 平 議	錢　　穆	國　　　　學
朱 子 學 提 綱	錢　　穆	國　　　　學
先 秦 諸 子 繫 年	錢　　穆	國　　　　學
先 秦 諸 子 論 叢	唐　端　正	國　　　　學
先 秦 諸 子 論 叢 （續篇）	唐　端　正	國　　　　學
儒 學 傳 統 與 文 化 創 新	黃　俊　傑	國　　　　學
宋 代 理 學 三 書 隨 劄	錢　　穆	國　　　　學
莊 子 纂 箋	錢　　穆	國　　　　學
湖 上 閒 思 錄	錢　　穆	哲　　　　學
人 生 十 論	錢　　穆	哲　　　　學
晚 學 盲 言	錢　　穆	哲　　　　學
中 國 百 位 哲 學 家	黎　建　球	哲　　　　學
西 洋 百 位 哲 學 家	鄔　昆　如	哲　　　　學
現 代 存 在 思 想 家	項　退　結	哲　　　　學
比 較 哲 學 與 文 化 (一)(二)	吳　　森	哲　　　　學
文 化 哲 學 講 錄 (一)(二)(三)(四)	鄔　昆　如	哲　　　　學
哲 學 淺 論	張　　康譯	哲　　　　學
哲 學 十 大 問 題	鄔　昆　如	哲　　　　學
哲 學 智 慧 的 尋 求	何　秀　煌	哲　　　　學
哲 學 的 智 慧 與 歷 史 的 聰 明	何　秀　煌	哲　　　　學
內 心 悅 樂 之 源 泉	吳　經　熊	哲　　　　學
從 西 方 哲 學 到 禪 佛 教 ——「哲學與宗教」一集——	傅　偉　勳	哲　　　　學
批 判 的 繼 承 與 創 造 的 發 展 ——「哲學與宗教」二集——	傅　偉　勳	哲　　　　學
愛 的 哲 學	蘇　昌　美	哲　　　　學
是 與 非	張　身　華譯	哲　　　　學